HEYNE<

DJURA

Der Schleier des Schweigens

Von der eigenen Familie
zum Tode verurteilt

Aus dem Französischen
von Rudolf Kimmig

WILHELM HEYNE VERLAG
MÜNCHEN

Die französische Originalausgabe erschien 1990 unter dem Titel
LE VOILE DU SILENCE
im Verlag Éditions Michel Lafon, Paris

Dieser Titel erschien bereits unter der Bandnummer 19/176

Umwelthinweis:
Dieses Buch wurde auf
chlor- und säurefreiem Papier gedruckt.

5. Auflage

Aktualisierte Taschenbuchausgabe 01/2004

Copyright © 1990 by Éditions Michel Lafon
Copyright © 2003 by Hervé Lacroix, France
Copyright © 1991 der deutschsprachigen Ausgabe bei Wilhelm
Heyne Verlag GmbH & Co. KG, München
Copyright © 2003 der deutschsprachigen Ausgabe by
Wilhelm Heyne Verlag, München,
in der Verlagsgruppe Random House GmbH
http://www.heyne.de
Übersetzung des Nachworts: Katrin Marburger
Printed in Germany 2004
Umschlagillustration: Das Fotoarchiv, Essen
Umschlaggestaltung: Hauptmann und Kampa Werbeagentur,
München – Zürich
Druck und Bindung: GGP Media GmbH, Pößneck

ISBN 3-453-87316-5

*Für Hervé
und unseren Sohn Riwan*

*I*n diesem Buch erzähle ich meine Geschichte. Nie wäre ich auf die Idee gekommen, mein Leben aufzuschreiben, hätten sich die Ereignisse nicht so dramatisch zugespitzt, daß es für mich lebenswichtig wurde, sie festzuhalten und auf diese Weise die Vergangenheit zu bewältigen.

Bisher bedeckte ein schamvoller Schleier mein Leiden. In meinen Liedern sang ich nur von der Hoffnung. Ich war beseelt von dem Wunsch, das Los der Frauen, die noch unter dem Joch einer überalterten »Tradition« leiden, zu verbessern. In der ganzen Welt.

Nach meinen Auftritten kamen häufig Frauen zu mir und erzählten von sich. Dabei wurde mir bewußt, daß mein Schicksal – so außergewöhnlich es auch anmuten mag – mit dem vieler Töchter, Schwestern oder Gattinnen übereinstimmt, die stumm sind vor Angst, die glücklich sein wollen und dabei nicht einmal existieren dürfen.

Als ich mich bereit erklärte, mein Leben zu erzählen, wollte ich diesen Schleier des Schweigens lüften, damit eines Tages die Maskerade ein Ende hat, durch die angeblich die Gebräuche der Vorfahren respektiert werden. Menschlich gesehen besitzt sie keinerlei Legitimität mehr.

29. Juni 1987, dreizehn Uhr ... Es ist entsetzlich heiß, und die Kais der Seine sind völlig verlassen. Normalerweise nutzen die Flußschiffer das schöne Wetter, um ihre Boote zu streichen. Doch an diesem Tag wagt niemand, die heißen Planken zu berühren. Unser zu einem Hausboot umgebauter Schleppkahn bewegt sich nicht. Alles ist ruhig.

Hervé hat kaum Hunger, ich auch nicht. Wir geben uns mit einem gemischten Salat und einer halben Ananas zufrieden, die wir im Rumpf unseres schwimmenden Hauses verzehren, wo wir eine amerikanische Küche im Stil der dreißiger Jahre mit einer Bar eingerichtet haben. Auf dem Flohmarkt hatten wir eine hinreißende Theke aus Akazienholz, eine blaue Bank und zwei Bistro-Tische gefunden – die ganze Einrichtung.

Ich bin im siebten Monat schwanger und trage ein geblümtes Kleid, das angenehm leicht ist. Es stammt aus meiner nordalgerischen Heimat, der Kabylei. Ab und zu spüre ich, wie sich das Baby in meinem Bauch bewegt, und kann es immer noch nicht fassen, ein Kind von dem Mann, den ich liebe, auf die Welt zu bringen! Für viele Frauen ist das wohl das Normalste auf der Welt. Für mich bedeutet es das Ende eines langen Kampfes, die Verwirklichung eines Traumes, den ich gestern noch für unmöglich hielt.

Bei der Ultraschalluntersuchung hatte der Arzt gesagt, mein Kleiner bewege sich schon sehr kräftig. Hervé und ich haben gelacht.

Plötzlich hören wir, während wir noch essen, Schritte auf dem Deck. Wir haben keine Zeit zu reagieren. Die Tür wird brutal aufgestoßen, und ein bewaffneter Mann dringt in die Wohnküche ein. Kaum erkenne ich ihn, da drückt er auch schon seinen Revolver in meinen Bauch. Er gibt mir einen heftigen Schlag, so daß ich gegen die Bar taumele. Dann stürzt er sich auf Hervé und versetzt auch ihm mit dem Lauf seines Revolvers heftige Schläge. In diesem Augenblick dringt ein junges Mädchen in die Küche, läuft auf mich zu, schlägt mit Füßen und Fäusten wahllos auf meinen Körper ein. Sie beschimpft mich und reißt an meinen Haaren, bevor sie sich auf meinen Bauch konzentriert und dort ihre ganze Wut ausläßt, während ich versuche, mich so gut wie möglich zu schützen.

»Ich bin schwanger!« schreie ich.

»Na und?« höhnt das junge Mädchen und schlägt unbekümmert weiter zu.

Die Überrumpelung, vor allem aber die entsetzliche Angst, mein Kind zu verlieren, verschlagen mir die Sprache. Trotz meines schwerfälligen Körpers versuche ich, die Treppe zu erreichen und mich ins Freie zu retten. Doch die wütende Furie hindert mich daran.

Plötzlich höre ich einen Schuß. Der Mann hat Hervé verfolgt, der ins Freie geflohen ist. Voller Angst versuche ich ein zweites Mal, das Boot zu verlassen und um Hilfe zu rufen. Das Mädchen drängt mich mit Gewalt zurück und stößt mich die Treppe hinunter.

Ich habe nicht die Kraft aufzustehen. Plötzlich kommt der junge Mann wieder in die Küche und ruft seine Komplizin: »Schnell, Sabine, beeil dich.«

Sie hasten die Treppe wieder hoch. Er trägt eine schwarze Lederjacke, und auch sie ist ganz in Schwarz gekleidet, einschließlich der Strumpfhosen. Später frage ich mich, aus welchem Grund die beiden bei dieser Hitze schwarze Kleidung trugen. Man sollte auf ihrer Kleidung wohl keine Blutflecken erkennen können ...

Ich wage nicht aufzustehen, weil ich befürchte, dann mein Kind zu verlieren. Ich krieche, meinen Bauch mit beiden Händen haltend, zum Telephon, wähle den Notruf der Polizei. Dann nehme ich meinen ganzen Mut zusammen, stehe auf und gehe die Treppe hoch, so schnell es mir mein Zustand erlaubt. Entsetzlich: Hervé schwankt auf dem Kai, blutüberströmt. Wie ein Tier, das man abgestochen hat. In diesem Augenblick weiß ich, daß in mir etwas endgültig gestorben ist, auch wenn es mir gelingen sollte, mein Baby zu retten. An diesem 29. Juni 1987 um dreizehn Uhr hat sich mein Leben geändert.

Denn ich kenne die beiden, die uns überfallen haben: mein Bruder Djamel und meine Nichte Sabine. Ich weiß auch, daß sie es im Auftrag meiner Familie getan haben.

Als ich am nächsten Morgen im Krankenhaus aufwache, ist mein ganzer Körper mit Blutergüssen übersät. Mein Nacken wiegt eine Tonne; ich habe Schmerzen und Angst. Die Polizei war überraschend schnell eingetroffen und hatte unser blutüberströmtes Boot entdeckt. Sie haben mich ins Krankenhaus transportiert. Man gab mir Beruhigungsmittel.

Ich beginne zu kämpfen. Die Kontraktionen meines Uterus zeichnen sich auf dem Bildschirm deutlich ab. Mein Kind! Mein Kind befindet sich in Gefahr! Ich spreche mit ihm, als ob es bereits geboren wäre:

»Halt durch! Sei stark!«

Durch meine Haut hindurch streichle ich es sanft; ich denke an die kleine Hand mit den bereits deutlich sichtbaren Fingern, die es mir bei der ersten Ultraschalluntersuchung entgegengestreckt hatte. Damals glaubte ich, ein neues Leben beginnen zu können, vor den Nachstellungen meiner Familie geschützt ...

Jetzt ist das Leben meines Sohnes bedroht, mein Mann Hervé hat so viel Blut verloren, daß ich das Schlimmste befürchte, und mein Hunger auf das Leben wird von meinen Tränen erstickt.

Die Ärztin verschreibt mir krampflösende Mittel und totale Ruhe. Die Zeit bis zur Geburt soll ich liegend verbringen. Sie besteht darauf, daß ich im Krankenhaus bleibe. Sie ahnt wohl, daß ich mich nur hier in Sicherheit befinde.

»Ich möchte nach Hause! Ich kann mich schließlich nicht ewig verstecken!« protestiere ich schwach.

Sie lächelt traurig:

»Eine algerische Frau und zudem Sängerin zu sein, ist sicher nicht einfach ... Wenn ich Sie später wieder einmal im Fernsehen sehe, werde ich mich an Sie erinnern.«

Sie macht mir Mut. Die Ärztin ist die erste mitfühlende Person, mit der ich seit dem Überfall spreche. Trotzdem heule ich weiter, ohne Unterlaß. Alles kommt mir so absurd vor.

Es ist die Absurdität der mittelalterlichen Bedingungen, unter denen viele Frauen heute noch leben, auch hier unter westlichem Himmel, wo man sich auf das Jahr zweitausend vorbereitet. Es ist die Absurdität dieser Traditionen, die zwar meine Lieder und meine Musik inspirieren, denen ich aber einen heutigen Sinn zu geben versuche, während die Überlieferungen hartnäckig von einer »Frauenehre« sprechen, für die ich, wie so viele andere Mädchen meiner Herkunft, beinahe mit meinem Leben bezahlt hätte.

Mein Leben ... meine geliebte Heimat, die Blumen von Djurdjura, meine Familie, für die ich alles getan habe und die mir trotzdem feindlich gesinnt ist, die meine Liebe zur Kunst und mein Bedürfnis nach Freiheit einfach nicht verstehen kann oder will. Mein Leben, das auf diesem Krankenhausbett, in dem ich um ein kleines Wesen kämpfe, das kein neues Opfer werden soll, vor meinem inneren Auge abläuft, ist schmerzverzerrt und tränenverhangen, aber auch voller Lächeln und Hoffnung.

»Wenn der liebe Gott niest, schickt er Narzissen«, sagt bei uns ein Sprichwort. In jedem Frühjahr überschwemmt der liebe Gott mein Heimatdorf Ifigha, das sich an einem Hügel zu Füßen des Djurdjura-Gebirges festklammert, mit Narzissen.

Djurdjura, *mons ferratus,* der eiserne Berg, wie ihn die Römer getauft haben, erhielt seinen Namen sicher aufgrund der stolzen, mutigen und hartnäckig Widerstand leistenden Bergbevölkerung. Dieses schwierig zu bewirtschaftende Land schmückt sich in seiner Armut mit einer prächtigen Landschaft. Hinter den Hügeln, den Bächen und Flüssen, den Feldern mit den Feigenbäumen und den Ebenen, in denen der Baum des Friedens, der Olivenbaum mit den silbern glänzenden Blättern, so üppig gedeiht, lebt ein Volk, das sich niemandem unterwirft und vor niemandem in die Knie geht, die Kabylen. Sie sind eine Stammesgruppe der Berber, die sich unter der Oberfläche des Islam altes berberisches Brauchtum bewahrt haben.

Hinter ihrer ausgesuchten Höflichkeit und ihrem ausgeprägten Sinn für Gastfreundlichkeit versteckt sich das Wesentliche ihrer Seele: die um jeden Preis zu wahrende Würde, der erstarrte Respekt für traditionelle Werte und eine tief in ihnen verwurzelte Liebe zum ererbten Boden. Die Berber behaupten, sie seien eine reine Rasse. In Wirklichkeit sind sie eine Mischung aus griechischem, sizilianischem, andalusischem, afrikanischem, provenzalischem und türkischem Blut. Wer gerade die Herrschaft über den Landstrich innehatte, heiratete einheimische Frauen oder bemächtigte sich ihrer mit Gewalt. Es gibt hochgewachsene Berber mit hellblauen Augen, kleine mit braunen, Nomaden und Seßhafte, archaische oder dem Modernen gegenüber aufgeschlossene – Orient und Okzident begegnen sich hier. Heiden, Christen, Juden und Muselmanen haben nacheinander diesem Landstrich, dessen Bevölkerung sich einhellig gegen alles von außen Kommende wehrt, ihren Stempel aufgedrückt. Berber und Rebell, mit diesen beiden Begriffen läßt sich meine Heimat charakterisieren.

Berberin und Rebellin, so könnte man auch das kleine Mädchen bezeichnen, das ich war, die Heranwachsende, die ich wurde, und die Frau, die ich heute bin.

Wie die Königin Kahina, deren Schicksal mich seltsam berührte: Es wird erzählt, ihr Vater, König Tabat, habe die kleine Dehya (der Mädchenname von Königin Kahina) zutiefst verachtet, da seine Frau ihm keinen Sohn geschenkt hatte, der als Chef der Berberstämme sein Nachfolger geworden wäre.

Dehya flehte jeden Tag den heiligen Widder an, er möge sie in einen Knaben verwandeln, damit ihr Vater sie endlich liebte. Vergebens. Sie beschloß daher, wie ein Mann zu werden, und übte sich in der Kunst der Waffen. Zenon, ein junger Grieche, brachte ihr das Bogenschießen bei. Sie war darin sehr schnell so geübt, daß das Volk sie nach dem Tod König Tabats zu dessen Nachfolgerin wählte.

Die Kabylen waren in der Vergangenheit ein durchaus sinnenfreudiges Volk gewesen. Die Prüderie und die strengen, das Leben der Frauen reglementierenden Gesetze wurden erst im 19. Jahrhundert als Reaktion auf die Kolonialisierung und die abendländischen Einflüsse eingeführt. Zu Zeiten König Tabats waren die Sitten sehr viel lockerer, und die Mädchen lebten auch für heutige Verhältnisse recht freizügig. Diejenigen, die die meisten Reifen an den Fußgelenken trugen, standen in der Gunst der Männer am höchsten. Die Zahl der Reifen ließ dabei auf die Zahl der Liebhaber schließen. Dehya zeichnete sich durch viele Reifen aus. Außerdem bekam sie von Zenon ein Kind, ohne daß sie ihn deswegen geheiratet hätte.

Die neue Königin beschränkte sich nicht nur auf ihre herkömmlichen Krieger, sondern bildete auch eine Amazonenarmee aus, die fähig war, ihr in den Schlachten gegen die arabischen Eindringlinge zu folgen. Ihr Instinkt und eine nahezu hellseherische Begabung halfen ihr, ihre Gegner zu besiegen. Diese nannten sie Kahina, die Prophetin, oder, negativ ausgedrückt, die Hexe. Die Berber vergötterten sie zunächst. Dann zwangen sie sie, wahrscheinlich aus Sehnsucht nach männlicher Autorität, sich zu verheiraten, damit das Volk wieder einen richtigen König, einen Mann, bekäme. Um sich zu rächen, wählte Kahina den ältesten, abstoßendsten und tyrannischsten unter den Bewerbern: Ihr wolltet einen Chef? Da habt ihr ihn!

Ihr Mann fing sofort nach der Thronbesteigung mit einem wahren Terrorregime an und kannte nichts anderes als die völlige Unterwerfung seiner Untertanen. Das Volk sehnte sich schon bald nach den alten Zeiten zurück. Kahina, die das Verhalten ihres Mannes haßte, züchtigte ihn öffentlich. Unglücklicherweise hatte sie von ihm einen Sohn bekommen, der seinem Vater auf das Haar glich: Er war ebenso hinterhältig, grausam und gefährlich.

Dennoch übernahm sie wieder das Kommando über die Armeen und errang Sieg auf Sieg. Unglücklicherweise verliebte sie sich in einen jungen Gefangenen, den sie adoptierte, um ihm Zuflucht zu gewähren. Dem damaligen Brauch gemäß, öffnete sie auf der königlichen Treppe stehend ihr Gewand und gab ihm öffentlich ihre Brust, um ihn so als ihren Sohn anzuerkennen. Der junge Mann war, und das ist das Pikante an der Sache, der Neffe des großen Uqba, des Chefs der arabischen Armeen, der zwar dankbar war, daß Kahina seinen Neffen gerettet hatte, aber dennoch weiterhin die feindlichen Berber und ihre geliebte Hexe vernichten wollte.

Der legitime Sohn der Königin half ihm bei diesem Vorhaben, indem er alle Militärgeheimnisse seiner Mutter an die Feinde verriet.

Kahina verlor an Boden und zerstörte beim Rückzug das gesamte Land, da sie nichts in die Hände des Feindes fallen lassen wollte. Nach und nach ließen ihre Krieger sie im Stich, »*Allah Uqbar*« rufend, »Allah ist groß«. Nur ihre Amazonen standen ihr bis zuletzt bei, bevor sie sich töten ließ und ihr Reich endgültig an den Feind fiel. So wurde das Berberreich der Römer, das Königreich von Massinissa, von Jugurtha und von Kahina, schließlich zum Ifriqiya der Araber. Das Wort baut auf der Wurzel »frq« auf, die nach Kalif Omar Teilung, Trennung, Aufsplitterung bedeutet.

Die Araber hatten, so scheint es, den zwiespältigen Charakter dieses mutigen und bei großen Angelegenheiten auch einigen Volkes richtig eingeschätzt, das sich ansonsten mit Stammesfehden, internen Händeln und Familienstreitigkeiten aufrieb. Daran hat sich nichts geändert. Trotz der aufrührerischen Kahina, die ich aufgrund ihrer Dickköpfigkeit bewundere und die mir jedesmal als Vorbild gedient hat, wenn ich Kraft brauchte, um meinen Weg fortzusetzen. Die Widerstände waren oft unmenschlich groß, denn meine Familie hat mit allen Mitteln versucht, mich daran zu hindern, obwohl ich alle Opfer für sie gebracht habe. Kahina war wie ich bei ihrer Geburt ein Stein des Anstoßes, eine Quelle tiefer Enttäuschung, denn sie war ein Mädchen ...

Auch ich war ein Mädchen, und im Dorf wurde meine Geburt nicht gefeiert. Mein Dorf glich einer Festung, wie die meisten Dörfer in der Kabylei erbaut waren, und kehrte der Welt den Rücken zu. Ich werde mich immer an seine

Ziegeldächer, seine mit Ton ausgefugten Steinwände und an seine steinigen Wege erinnern. Ich werde es nie vergessen, so wie ich es damals zu Beginn der fünfziger Jahre als kleines Kind erlebt habe ...

Ifigha liegt mehr als zweihundert Kilometer südöstlich von Algier, abgeschieden hinter dem berühmten Yakouren-Wald in ungefähr tausend Metern Höhe. Die großen Straßen machen einen Bogen um das Vorgebirge, und kaum ein Fremder verirrt sich hierher. Ein unbefestigter, von Eukalyptusbäumen gesäumter Weg führt, wie ich mich erinnere, bis zum Dorfplatz.

Auf der linken Seite stand das Gebäude der französischen Armeeverwaltung, in dem heute die Post untergebracht ist, gegenüber befand sich das Café, in dem die Männer manchmal einen ganzen Tag lang vor einem Glas Tee saßen und vor sich hin stierten. Sie trugen alle einen Burnus. Mit einer Hand strichen sie ihren Schnurrbart glatt, während die andere mit der mit Kautabak gefüllten Schachtel spielte. Dabei unterhielten sie sich über die tausend Gerüchte, die im Gebirge umgingen. Einige spielten Runda, ein in Algerien weitverbreitetes spanisches Kartenspiel, und andere Domino ... Vor dem Café saßen die Alten, mit einem Turban auf dem Kopf, auf dem Boden oder lehnten sich gegen eine Mauer und stützten sich dabei auf ihre knotigen Stöcke. In kurzen, mehr oder weniger banalen Sätzen drückten sie ihren entwaffnenden Fatalismus aus: »*El qarn arvâatac*«, das Ende des Jahrhunderts wird entsetzlich sein, so steht es in den Büchern, oder »*Oh! Djil n'toura!*«, ach, die Jugend von heute, oder auch ganz einfach »*Mektoub*«, das ist Schicksal.

Nicht weit vom Café entfernt thronte ein Händler, dessen Gesicht sonnenverbrannt war, auf einem niedrigen Schemel vor seinem Laden. Er trug stets einen weißen Kittel. Auf dem Gehsteig türmten sich Eimer, Wannen, Schuhe und Krüge aus grellbuntem Plastik auf. An den

Wänden hingen Besen, Schaufeln, Teppiche, Couscous-Töpfe, Geschirr aus emailliertem Blech, das aus China oder den Ostblockländern importiert war, und Töpferwaren aus einheimischer Produktion. Man fand einfach alles: von Gasflaschen über Weizengrieß und Gewürze, Obst und Streichhölzer bis hin zu Bonbons. Der Familie des Händlers gehörten Mühlen, in denen die Oliven gepreßt wurden. Er gehörte zu den angesehenen Personen des Dorfes.

Diese Ecke des Ortes wurde vor allem von den Männern besucht. Die Frauen gingen schnell an dem Café vorbei, ohne einen Blick darauf zu werfen. Am Mittwoch vermieden sie den Platz, denn am Markttag hatte die weibliche Bevölkerung dort nichts zu suchen. An diesem Tag kamen viele Bauern aus der Umgebung, um ihre Einkäufe zu erledigen, ihre Erzeugnisse zu tauschen und miteinander zu reden. Die Reichsten kauften Fleisch, das sie aus einem naiven Stolz immer oben auf ihren Einkaufskorb legten, so daß es jeder sehen konnte. Auf diese Weise teilten sie dem Dorf ohne große Worte mit, daß eine Geldüberweisung eingetroffen war und daß auf der anderen Seite des Mittelmeers ein Sohn oder Bruder an sie dachte. Viele Kabylen hatten damals bereits das Dorf verlassen. Ifigha wurde wegen der vielen Menschen, die in der französischen Hauptstadt ihr Glück versuchten, auch »Klein-Paris« genannt. Wenn ein Brief der Emigrierten ankam, suchte man schnell nach einem der wenigen, die lesen konnten. Dabei war der Inhalt immer gleich: »Ich hoffe, daß Du gesund bist, wenn mein Brief ankommt ... Ich habe Dir Geld geschickt ... Mir geht es gut, mach' Dir keine Sorgen um mich ...«

Die Männer steckten die Briefe in die Umschläge zurück und gingen zu ihren Frauen, Schwestern oder Nichten, um ihnen die Neuigkeiten mitzuteilen, wenn diese vom Wasserholen zurückkamen. Von Oliven- und Feigenbäumen abgesehen, wächst hier kaum etwas, und wenn man Obst und Gemüse ernten möchte, muß man täglich gießen, das heißt, das Wasser vom Brunnen mitten im Dorf bis zum Gemüsegarten schleppen. Eine ausschließlich den Frauen vorbehaltene Aufgabe. Ich sehe immer noch die hochaufgerichteten Mädchen und Frauen vor mir, die mit gestrecktem Hals die vollen Wasserkrüge auf dem Kopf balancieren, ohne ihre Hände zu Hilfe zu nehmen.

Diese Bergfrauen waren in der Regel schön, zumindest während der Jugend, wenn sie noch nicht von der schweren Arbeit gezeichnet waren. Sie trugen lange kabylische Kleider, die *Tiksiwins,* die der Landschaft wie die Narzissen und der Eukalyptus Farbtupfer verliehen. Diese Tiksiwins aus Baumwolle oder Satin waren an den Schultern, den Armen und Handgelenken mit kostbaren Borten bestickt. Während der Haus- und Feldarbeiten banden die Frauen über den Rock einen rotgoldenen Schurz, die *Fouta.* Ihre Haare bedeckten sie mit dem traditionellen *Amendil,* einem Kopftuch, in das sie Narzissen flochten, wegen des Duftes, den diese verströmten. Es entstand so aber auch ein reizvoller Kontrast zwischen den weißen Blüten und ihren dunklen, schwermütigen, orientalischen Augen.

Auf dem Platz mit dem Brunnen fand der Markt der Frauen statt. Hier wurde der Schmuck gehandelt, der für die Berberfrauen so wichtig ist, während sie sich fröhlich wie kleine Mädchen mit Wasser vollspritzten und sich wie Dorfkinder balgten. Sie sprachen laut, denn sie waren es gewohnt, sich von Hügel zu Hügel den neuesten Klatsch zuzurufen. Auch ich benutzte ihre Art zu rufen, wenn ich als Kind meine Freundin Faroudja rief und dabei, ohne es zu wissen, meine ersten Tonleitern übte:

»Faaarrouououououououdjaaa ..«

Mann und Frau sind wie Sonne und Mond. Sie sehen

sich, aber sie begegnen sich niemals, sagt ein altes Sprichwort. Die Männer vermieden den Markt der Frauen, so wie diese nie das Café oder die Moschee betraten, die genau gegenüber dem Brunnen lagen. Das hinderte die jungen Männer natürlich nicht daran, von der Schwelle des heiligen Gebäudes aus schnell einen Blick zu den Mädchen zu werfen und sich zu überlegen, ob nicht eine darunter wäre, die man unter Umständen heiraten könnte. Das alles schien ganz natürlich zu sein, und mir wurde zunächst nur die fröhliche oder folkloristische Seite des Dorflebens bewußt. Dabei lasteten die Trennung der Geschlechter, die strengen Sitten, das übertriebene Schamgefühl, der Überlegenheitsanspruch der Männer schwer auf den Blicken der Frauen, deren Augen als geheimnisvoll bezeichnet werden. Geheimnisvoll, da sie das zeigen, was ihr Mund nicht aussprechen darf: die Last der Ungerechtigkeit, die sie von Geburt an zu erdulden haben.

Meine Geburt war an einem 3. April, bei Sonnenaufgang. Einer der Dorfbewohner bemerkte:
»Sie wird mutig und wachsam sein wie die aufgehende Sonne.«
Meine Mutter war untröstlich; sie hatte sich einen Sohn erhofft. Alle schwangeren Frauen erhofften sich einen Sohn. Auch die Väter, die Tanten, das ganze Dorf – alle warteten auf das *Youyou,* die Freudenschreie, die die Ankunft eines Sohnes signalisierten. In diesem Fall wurde am gleichen Abend noch mit Trommeln und *Reitas,* den traditionellen bauchigen Instrumenten, die an die Schalmei erinnern, gefeiert und Couscous an alle Anwesenden verteilt. Kam dagegen ein Mädchen auf die Welt, gab es keinen Grund zum Feiern. Die Mutter selbst war verbittert angesichts des weiblichen Geschlechts, dieser »Rübe«, wie man in Tlemcen sagt, dieser »Assel«, wie man es in Saida nennt, dieses »Kürbis«, wie die Einwohner von Constan-

tine sagen. Der Vater ging ins Café, um sich dort zu trösten. Seine Freunde versuchten, ihn aufzumuntern, indem sie behaupteten, seine Frau könne eines Tages auch einen Sohn gebären. Die junge Mutter blieb natürlich zu Hause. Niemand interessierte sich für die Unglückliche, die bei dem Gedanken zitterte, keinen männlichen Erben auf die Welt zu bringen, denn sie lief Gefahr, verstoßen zu werden.

Das hatte meine Mutter allerdings nicht mehr zu befürchten, denn sie hatte bereits einen Sohn geboren, meinen älteren Bruder Mohand, Kosename für Mohammed. Wenn schon das erste Kind ein Knabe ist, darf sich die Mutter überglücklich schätzen. Der Kleine wird verwöhnt und wird häufig bis zu seinem fünften Lebensjahr gestillt. Als ich auf die Welt kam, stillte meine Mutter meinen dreijährigen Bruder noch. Ich bin das einzige ihrer Kinder, dem sie ihre Brust verweigerte. Am Morgen meiner Geburt hatte sie mich bereits verstoßen. Ich hätte mich daran erinnern müssen, als ich später so viele Opfer für sie brachte, in der vergeblichen und kindischen Hoffnung, daß ich so ihre Liebe gewinnen könnte.

Trotzdem wurde ich gesäugt! Trotzdem feierte mich das Dorf, mich, die kleine Djura, ein völlig bedeutungsloses Wesen, bedeutungslos bis zu dem Augenblick, in dem sich das »Wunder« ereignete.

Im Haushalt meiner Eltern lebte damals »Setsi« Fatima, Omi Fatima, wie wir sie nannten, meine Großmutter väterlicherseits. In ihrer Jugend war Setsi Fatima eine Schönheit gewesen. Sie ging wie eine Gazelle, trug ihren Kopf aufrecht wie eine Königin und hatte Zöpfe, die bis zu den Hüften reichten. Der Schmuck an ihren Ohren, ihrem Hals und ihren Armen funkelte lange nicht so stark wie ihre türkisfarbenen Augen. Von ihrer weißen Haut hoben sich die Tätowierungen ausgezeichnet ab. Sie strahlte Gesundheit, Edelmut und Intelligenz aus und verbarg ihren eisernen Willen hinter ihrem ewig heiteren Gesicht.

Eisern mußte ihr Wille schon sein, denn sie war unfruchtbar: das schlimmste Gebrechen, das man in unserer Gesellschaft haben konnte. Sie hatte mehrmals geheiratet, war von ihren Männern wegen ihrer vielen Vorzüge geschätzt, aber trotzdem verstoßen worden, da sie keine Kinder auf die Welt bringen konnte. Nur mein Großvater verließ sie nicht. Er hatte wie so viele andere in der französischen Armee gegen die Deutschen gekämpft. Als er aus dem Krieg zurückkam, war seine Frau tot, so daß er mit seinen beiden Söhnen, meinem Vater Said und meinem Onkel Hamou, allein dastand. Mein Großvater suchte eher eine Ziehmutter für seine Söhne denn eine zukünftige Mutter. So war er bereit, Setsi Fatima zu heiraten, die Said und Hamou großzog. Das ganze Dorf liebte Fatima. Sie konnte zwar keine Kinder auf die Welt bringen, heilte aber dafür die kleinen Wehwehchen der Dorfkinder. Ein Geschenk des Himmels? Es steht fest, daß sie mit ihren Fingern, einem Faden, Salz und ihrem Glauben wirklich heilte. Alle mochten sie wegen ihrer Großzügigkeit, ihrer Geschicklichkeit und ihrer mütterlichen Art. Sie schnitt die Nabelschnur der Neugeborenen durch und versorgte sie. Für die etwas Größeren erfand sie tausend Spiele. Die Kleinen nannten sie *Djida*, ein Kosewort für Großmutter.

Als sie erfuhr, daß ich auf die Welt gekommen war und damit, wie es sich gehörte, überall Trauer ausgelöst hatte, bekundete sie die größte Freude ihres Lebens! War es die Magie unerfüllter Mutterliebe? Die Milch schoß in ihre Brust, und nachdem sie mir das gegeben hatte, was meine Mutter mir verweigerte, besprengte sie zärtlich mein Gesicht, so wie es bei uns die Wöchnerinnen mit ihren Neugeborenen machen.

Als sich die Nachricht herumgesprochen hatte, kamen alle angelaufen oder auf Eseln geritten und luden Geschenke und Gaben ab, um dieses Wunder gebührend zu feiern. Sie beobachteten verblüfft, wie Fatima stolz ihre *Gandoura* öffnete und mir ihre prallen Brüste reichte. Für die Dorfbewohner war sie zu einer Heiligen geworden. Sie knieten vor ihr nieder und baten sie, diese oder jene Krankheit zu heilen, vor allem die Unfruchtbarkeit verschiedener Frauen. Dann drängten sie sich um meine Wiege und bestaunten das winzige Wesen, das dieses Wunder ausgelöst hatte.

Ich war in den Augen aller die Tochter Setsi Fatimas und stand unter ihrer *Âânaya,* ihrem Schutz. Fünf wunderschöne Jahre lang sollten wir uns keinen einzigen Tag trennen.

Unser großes Haus lag ganz oben am Hügel. Es bestand aus verschiedenen Gebäuden, die sich um einen Innenhof gruppierten, in dem unsere Vorfahren begraben waren. Bei den Kabylen behauptet man, daß die Toten an dem Ort begraben werden müssen, an dem sie auf die Welt kamen, um Ruhe zu finden.

Die kleinen Gebäude, die sich um den Innenhof gruppierten, waren eigentlich nur Zimmer. Meine Eltern bewohnten das eine; ich selbst schlief mit Setsi Fatima in dem größten, das gleichzeitig nicht nur der ganzen Familie als Aufenthaltsraum diente, sondern auch, nur durch drei Stufen und eine kleine Mauer von dem Rest getrennt, einer Kuh und ihrem Kalb. Über dem Stall wurden in einem kleinen Zwischengeschoß in Truhen Kleider und Vorräte aufbewahrt. Je nach Tageszeit änderte das Zimmer seine Funktion. Es diente als Küche, Nähzimmer, allgemeiner Aufenthaltsraum und Schlafzimmer. Am Abend wurden dicke, mit Streifen oder geometrischen Mustern verzierte Decken in lebhaften Farben, die von den Frauen der Familie selbst hergestellt worden waren, auf dem Boden ausgebreitet. Sie dienten uns als Bett. Tagsüber hingen sie an einer Leine in einer Ecke, so daß man ungehindert allen Beschäftigungen nachgehen konnte.

Setsi Fatima strotzte vor Gesundheit. Noch vor dem Sonnenaufgang holte sie Wasser, machte Holz und pflückte im Sommer frische Feigen. Ich schlief, bis mich das Tageslicht und die Vögel vor der offenen Tür weckten. Dann ließ ich den ganzen Tag lang meine Großmutter keine Sekunde mehr aus den Augen.

Seit meiner Geburt nahm sie mich auf ihrem Rücken überallhin mit, was sehr ungewöhnlich war, denn in unserem Dorf wurden Babys bis zum siebten oder achten Monat nicht in der Öffentlichkeit gezeigt. Man hatte Angst, sie könnten mit dem »bösen Blick« verhext werden. Ich dagegen war schon am Tag meiner Geburt vom ganzen Dorf bestaunt worden. Als Setsi Fatima nach einiger Zeit allerdings bemerkte, daß ich nach unseren Spaziergängen häufig heftige Kopfschmerzen hatte, hängte sie mir zu meinem Schutz verschiedene Amulette um den Hals.

Ich wurde wie eine richtige Prinzessin verhätschelt und mit Geschenken überhäuft. Setsi Fatima ließ für mich Kleider aus weißem Satin nähen, die mit bunten, winzig kleinen, gestickten Schmetterlingen und Orangenblüten geschmückt waren. Unseren Bräuchen gemäß, ließ sie mich vor dem ersten Tragen mit bloßen Füßen auf den Kleidern herumtrampeln und sprach dazu die magischen Worte: »Nütze sie ab, bevor sie dich abnützen.« Ich nütze auch heute noch im Privat- wie im Berufsleben kabylische Kleider ab, die ich inzwischen selbst schneidere.

Abends erzählte sie mir, vor dem offenen Feuer sitzend – im Winter waren die Nächte sehr kalt –, die Legenden der Gegend, von denen einige einen stark pädagogischen Anstrich hatten:

»Wenn du nicht brav bist, wird dich eine Hexe holen, in einen Sack stecken und ins Meer werfen.«

Natürlich glaubte ich an die Hexe, zumal in unserem Dorf eine lebte. Zumindest nannten wir sie so: *Tseryel*. Die Frau hatte beim Tod ihres Sohnes den Verstand verloren. Seit dieser Zeit phantasierte sie. Häufig blieb sie auf dem Vorplatz vor der Moschee stehen, zog sich splitternackt aus und schrie wie am Spieß. Niemand hinderte sie daran. Sie gehörte zu uns. Damals gab es noch keine psychiatrischen Anstalten, und geistig Behinderte, Schwachsinnige oder Verhaltensgestörte wurden nicht aus der Gesellschaft ausgeschlossen. Diese »wandernden Irren« waren sogar geschätzt, denn Gott hatte sie in sein Herz geschlossen, so sagte man von ihnen.

Natürlich hatte ich entsetzliche Angst vor der *Tseryel*. Als ich laufen konnte, schlug ich große Umwege ein, um ihr ja nicht zu begegnen. Dabei verstand sie sich mit Setsi Fatima recht gut. Als meine Großmutter mich eines Tages auf ihren Schultern spazierentrug, bot mir die *Tseryel* sogar Trauben an. Ich verschmähte sie, da ich Angst hatte, sie wären vergiftet. Ein anderes Mal näherte sie sich mir in ihren Fetzen, an denen als Schmuck leere Konservendosen befestigt waren, und bat um ein Ei. Sie wollte mir die Zukunft weissagen. Sie muß sich an diesem Tag getäuscht haben, denn sie sah nur hellen Sonnenschein.

Die ersten fünf Jahre meines Lebens mit Setsi Fatima waren allerdings wirklich reiner Sonnenschein. Ich möchte sogar behaupten, daß sie mich als Vierjährige mit der Bühne vertraut gemacht hat. Natürlich nicht mit einem richtigen Theater, aber mit kabylischen Festen. Damals gab es in unserem Dorf weder Radio noch Fernsehen. Man mußte sich schon selbst unterhalten; die Leute sangen, tanzten und schlugen mit Löffeln auf Kanistern den Takt. Wir Kinder ahmten schon früh die Gesten der Frauen nach, von denen auch die Ärmsten wie Kaiserinnen gekleidet waren.

Die Hochzeit einer meiner Tanten beeindruckte mich am meisten. Eine rituelle Hochzeit, schön wie ein Versprechen und verräterisch wie die Zukunft der jungen Gemahlin ...

Am Abend vor der Hochzeit wurde die zukünftige Gattin von jenen Frauen des Dorfes in Obhut genommen, die für die Schönheit zuständig sind: Ihre Haut wurde gepflegt, bis sie weich wie Seide war, und ihre Hände und Füße wurden mit bunten Farben bemalt. Am Hochzeitstag selbst schmückte man ihr Gesicht, bis es völlig verwandelt war: Ihre Augen wurden mit *Kho,* schwarzem Kajal, umrandet, die Wangenknochen grellrot geschminkt und die Augenbrauen gekonnt nachgezogen. Ihr Zahnfleisch wurde mit *Ayoussim* eingerieben, der Rinde von Wahlnußbäumen, so daß es wie die Lippen ein sinnliches, anziehendes Braunrot aufwies.

Dann zog man ihr das traditionelle weiße Hochzeitskleid an, das noch stärker bestickt war als die bei anderen Anlässen getragenen Festkleider. Email- und Silberschmuck zierte ihre Arme, Ohren und Fußknöchel. Endlich legte man ihr das Hochzeitskollier aus gelben, grünen, goldenen und silbernen Glasperlen drei- bis vierfach um den Hals. Zwischen den Perlen hatte man Gewürznelken aufgefädelt, die einen betörenden Geruch verbreiteten, ein Aphrodisiakum, mit dem jede Braut versehen wurde. Mit großen Nadeln wurde das schwarze, mit Fransen besetzte *Amendil* befestigt und über diesem ein großer Schal, der das Gesicht verdeckte. Dieser Schal wurde erst wieder abgenommen, wenn die junge Frau das Haus ihres Mannes betrat. Diesen Mann hatte sie nicht selbst gewählt. Die Eltern meiner Tante hatten den Bräutigam ausgesucht, so wie meine später über mein Schicksal entscheiden wollten.

Ein großer Zug begleitete die Braut bis zu ihrem neuen Haus. Die Männer trugen den festlichen weißen Burnus und die Frauen ihre schönsten Kleider. Die Musiker begleiteten den Zug mit ihren Raitas, Tbels, Bendirs und Derboukas, mit all ihren Trommeln von sehr unterschiedlichem Klang. Überall erklangen Schüsse aus dem Baroud, dem Gewehr der Berber. Harte Eier wurden in die Luft geworfen wie in Europa dragierte Mandeln oder Reis. Die Teilnehmer fingen sie auf und aßen sie im Gehen. Am Ende des Zugs kamen die mit Matratzen, Kleidern, Wäsche, Decken und handgeknüpften Teppichen beladenen Mulis: so konnte jeder die Mitgift bewundern.

Bevor sie das Haus ihres zukünftigen Mannes, das heißt in der Regel das ihrer Schwiegereltern, betrat, mußte die junge Frau über einen Stock schreiten, der auf der Schwelle des Hauses lag. Anschließend warf der Schwiegervater den Stock auf das Dach: Blieb er liegen, waren alle zufrieden. Die junge Frau würde unterwürfig und gehorsam sein. Fiel er wieder auf den Boden, wurde die Braut schief angesehen: Man sollte sie in Zukunft im Auge behalten!

Dann begann das Fest. Speisen und Getränke wurden herumgereicht. Der *Medah,* der Dichter des Dorfes, lobte in einer theatralischen Rede, die von den Frauen mit zustimmendem Geschrei immer wieder unterbrochen wurde, Gatte und Gattin, die Schwiegereltern und die Freunde. Man sang und tanzte bis in den Morgen hinein. Ich erinnere mich immer noch an die hohen Frauenstimmen, die schneidenden Beschwörungsformeln, die schmachtenden Rhythmen und die symbolischen Gesten, die ich gerne auf der Bühne zeige, um denen, die von maghrebinischen Tänzen nur den touristischen Bauchtanz kennen, die Augen zu öffnen.

Die Feierlichkeiten dauerten sieben Tage und sieben Nächte. Jeder behielt die junge Braut im Auge. Ihr erstes Wasserholen war mit einer feierlichen Zeremonie verbunden. Sämtliche verheirateten Frauen des Dorfes begleiteten sie und gaben ihr Ratschläge. Jeden Tag zog sie ein neues, immer schöneres Kleid an, um ihrem Gatten zu gefallen. Dann begann ihr eigentliches Leben als Frau: Sie sah ihre Eltern immer weniger, mußte alle Aufgaben zur Zufriedenheit ihrer neuen Familie erledigen und die »königliche Schwiegermutter« in allen Dingen um Erlaubnis fragen. In manchen Fällen behielt sie ihr Lächeln bei und war glücklich unter verständnisvollen Menschen. Häufig aber wurden ihre Augen traurig, und im geheimen verfluchte sie ihren Vater und ihre Mutter, die sie, ohne sie um ihre Meinung zu fragen, einer feindlichen Welt ausgeliefert hatten. Ich war damals knapp fünf Jahre alt und nahm bei dieser offiziellen Unterwerfung der jungen Frau nur das Vergnügen der ersten Tage wahr.

Ich hatte auch nicht die geringste Ahnung, mit welchen Schwierigkeiten meine Eltern fertig werden mußten. Sie stammten beide aus ehrbaren Familien, waren »Grundbesitzer«. Ein pompöses Wort für die wenigen Hektar mit Feigen- und Olivenbäumen, doch es verdeutlicht den Landadel-Charakter, der bei uns vermutet wurde.

Mein Vater hatte sogar das Glück gehabt, bei den Franzosen in die Schule zu gehen. Das war ein Privileg, denn nur zehn Prozent der jungen Algerier seiner Altersstufe hatten eine Schule besuchen können. Trotzdem fand er keine Arbeit.

Die Einkünfte aus dem Grundbesitz reichten inzwischen nicht mehr aus, um die Familie zu ernähren. Meine Mutter hatte ein weiteres Mädchen auf die Welt gebracht, meine Schwester Fatima, der sie die Brust gab, denn mein älterer Bruder war inzwischen fünfeinhalb geworden. Mohand hatte sich bereits zu einem tyrannischen Kind entwickelt, war entsetzlich verwöhnt und verhätschelt und meinte, alle müßten sich nach ihm richten. Drei Kinder mußten nun satt werden ... Mein Vater suchte vergebens

Arbeit und überlegte, ob er nicht nach Frankreich gehen solle.

Zu Beginn der fünfziger Jahre ermutigten die französischen und vor allem Pariser Behörden die Einwanderung, da dringend billige Arbeitskräfte gebraucht wurden. Die besonders armen Kabylen wanderten in Scharen aus. Lebte erst einmal ein Vetter oder ein Bruder im gelobten Land, dann kamen die anderen nach, Frauen und Kinder zurücklassend, bis sie genügend Geld zusammengespart hatten, um sie nach Frankreich holen zu können. Die in Algerien zurückgebliebenen Frauen jammerten und bezeichneten in ihrer Einsamkeit Frankreich als »Männerfresser«. Sie warteten auf die Geldüberweisungen und Briefe mit den immer gleichen Mitteilungen: »Mach Dir keine Sorgen um mich, mir geht es hier gut.« Die ehemaligen »Grundbesitzer«, sozusagen entthronte Adelige, akzeptierten in Frankreich die schlimmsten Demütigungen: Schwarzarbeit, elende Notunterkünfte, die Unsicherheit und die Einsamkeit, die sie nun mit ihren zurückgelassenen Ehefrauen teilten.

Vettern meines Vaters wohnten in Paris und arbeiteten in Restaurants, Hotels oder Cafés. Sie ermutigten ihn, ebenfalls das Meer zu überqueren. So machte er sich eines Tages auf die Reise. Am nächsten Tag schon begannen wir, ihn zu vermissen und ihn zurückzuerwarten. Bei jedem Essen lag sein Löffel auf dem Tisch, so daß er den Couscous mit uns hätte teilen können. Aber er kam nicht, und wir aßen schweigend und traurig.

Das heißt, ich war lange nicht so traurig wie die anderen. Ich hatte Setsi Fatima, die Spaziergänge mit ihr, ihre Lieder, ihr Lachen, morgens die erste Feige, die sie mir mit folgenden Worten überreichte:

»Iß, damit du groß wirst, meine Lichtrose!«

Ich war ein kleines Mädchen mit hellem Teint, dunklen gelockten Haaren, schwarzen, sanften und doch durchtriebenen Augen. Setsi Fatima hatte mir einen Kosenamen verliehen: *Jouhjouh Henina,* die Zärtliche. Ich glaube, ich habe alles von ihr: ihren Mut, ihre Hartnäckigkeit, aber auch – vielleicht leider – einen gewissen Fatalismus und den Wunsch, sich für andere zu opfern, was beinahe zu meinem Untergang geführt hätte.

Während der darauffolgenden drei Jahre besuchte mein Vater uns nur ein einziges Mal. Er schickte uns regelmäßig Geld und Briefe und war wie die anderen Emigranten traurig, seine Kinder nicht heranwachsen zu sehen. Eine Kette ohne Ende: Die Männer verbrachten kurze Ferien in Algerien, schwängerten ihre Frauen und fuhren dann wieder nach Frankreich zurück, um das Geld für die immer zahlreicher und gleichzeitig fremder werdende Familie zu verdienen. Mein Vater konnte die Trennung nicht mehr ertragen. Außerdem fielen im November 1954 im Aurès-Gebirge die ersten Schüsse, die den Algerienkrieg einleiteten. Die Aufständischen flohen auf den Spuren von Kahina, der Rebellin, in das Djurdjura-Gebirge.

Die unsichere Situation bewog meinen Vater, unsere Übersiedlung nach Frankreich zu beschleunigen, auch wenn er keineswegs über eine geeignete Wohnung für uns alle verfügte, sondern selbst nur in einem kleinen Zimmer hauste.

Im Dezember 1954 war es dann soweit. Ich erinnere mich an meine Verzweiflung, als ich Setsi Fatima verlassen mußte. Ich war inzwischen alt genug zu wissen, was ich verlor: alles, was mir in meinem Leben Sicherheit gab. Ich wußte, daß meine Mutter meinen Bruder und auch die kleine Fatima bevorzugte. Meinen Vater hatte ich so selten gesehen, daß ich ihn kaum kannte. Ich konnte die Freude meiner Mutter über die Abreise nicht teilen.

Wie alle Frauen, die zu ihren Männern nach Frankreich zogen, war sie begeistert. Sie hoffte, in eine Art Schlaraffenland zu kommen. Diese Legende wurde übrigens von den Emigranten bei ihren kurzen Besuchen in der Heimat sorgfältig gepflegt, wenn sie kofferweise Tand anschleppten und damit Eindruck machten. Die jungen Mädchen aus Ifigha gingen sogar so weit, ihre prächtigen Satinkleider gegen Fetzen von der Stange und ihren traditionellen Schmuck gegen wertlosen, häßlichen Straß zu tauschen, der einen einzigen Vorzug hatte: Er glitzerte und stammte aus einer fernen Märchenwelt.

Dieses Land des Luxus war mir völlig gleichgültig. Ich hatte Angst. Ich mußte in die Fremde und hatte Abschiedsschmerz. Schmerz, meine Wohltäterin, meine Fee, meine Ziehmutter zu verlieren. Ich werde nie vergessen, wie ich mich an ihr festklammerte und sie mit Tränen in den Augen die düstere Prophezeiung aussprach:

»Auf Wiedersehen, meine Tochter, dein Schicksal wartet auf dich ...«

Ich sah zum erstenmal das Meer. Und ich erlebte es nicht gerade freundlich, sondern aufgewühlt und bedrohlich. Wir waren wie Vieh im Rumpf des Schiffes zusammengepfercht, direkt auf dem Boden liegend, wie alle anderen. Die Passagiere übergaben sich, ohne die Kraft zu haben, auf die Toilette zu gehen. Ich machte keine Ausnahme. Es stank unerträglich. Die Ankunft im grauen, nebelverhangenen Marseille war für alle eine Erlösung.

Mein Vater hatte für seine Frau ein Kostüm mit einem schwarzweißen Hahnentrittmuster gekauft. Er bestand darauf, daß sie »à la française« gekleidet an Land ging. Für sie war es eine Premiere, denn sie hatte bisher nur ihre kabylischen Kleider getragen. Sie mußte sich in dem engen, sie einzwängenden Rock und der genauso engen Jacke höchst unwohl fühlen. Ich schaute sie erstaunt an, während wir die endlosen Einreiseformalitäten erledigten, bevor wir den Zug nach Paris nehmen konnten. Ich glaube, daß ich sie damals schön fand, daß ich sie liebte und von ihr geliebt werden wollte.

In Paris nahmen wir an der Gare de Lyon die Metro nach Belleville, wo mein Vater am Faubourg-du-Temple in einem kleinen, möblierten Hotelzimmer wohnte. Beinahe zwei Jahre hausten wir dort. Das Zimmer war sehr klein, genau wie das Fenster, das ich zunächst für eine Luke hielt. Von diesem Fenster aus, vor dem mich keine Vögel mehr weckten, sah ich einzig auf große, hohe Wände. Die Großstadt verwirrte mich. Wo waren die großen Felder, durch die Setsi Fatima und ich gegangen waren, wenn wir im Fluß Wäsche waschen wollten? Hier in Paris war alles künstlich, feindlich, und in den Straßen lauerten tausend Gefahren. Ich hatte noch nie so viele Autos und so viele Menschen auf einem Haufen gesehen. Und alle hatten es eilig.

Während wir am Faubourg-du-Temple wohnten, verließ meine Mutter das kleine Zimmer praktisch nie. Sie sprach kein Wort Französisch und konnte sich nicht einmal um die Einkäufe kümmern. Eine Nachbarin erledigte dies für uns. Die Frau besaß einen riesigen schwarzen Windhund, Kelly, der alles biß, was eine Uniform trug: Briefträger, Polizisten, Busfahrer, und auch meinen Bruder und meine Schwester. Ich wurde wie durch ein Wunder verschont.

Mama brachte einen weiteren Sohn auf die Welt, auf den sie natürlich sehr stolz war. Die Familie vergrößerte sich, und das Zimmer schien immer kleiner zu werden. Meine Mutter war traurig, enttäuscht, resigniert. Zumindest empfand ich sie so. Mein Vater behandelte sie immer härter. Eines Abends schlug er sie, weil das Essen noch nicht fertig war. Ich war völlig außer mir. Dabei war es bei uns in Algerien nicht selten, daß ein kabylischer Mann seine Hand wegen Nichtigkeiten gegen seine Frau erhob. Aber vielleicht fiel uns Kindern das in unseren großen Häusern mit den vielen verschiedenen Gebäuden um den zentralen Innenhof nicht weiter auf.

In Paris lebten wir zu sechst in einem Zimmer. Natürlich bekamen wir Kinder alles mit. Meine Mutter versorgte auf engstem Raum das Baby, wusch Windeln und Wäsche, kochte, richtete abends wie in Algerien die Betten direkt auf dem Fußboden her, nur daß wir hier viel weniger Raum zur Verfügung hatten und es vor dem Zimmer nichts Schönes zu sehen gab. In Ifigha hätte ich mir sicher nicht vorstellen können, daß Menschen unter solchen Bedingungen leben müssen.

Gott sei Dank hatte mein Vater Mohand und mich in der Schule angemeldet, so daß wir wenigstens tagsüber unsere

Höhle verlassen konnten. Ich begann, Französisch zu lernen, aber ich stellte in der Schule auch fest, daß ich mich von den kleinen Parisern unterschied. Ich fühlte mich einsam. Abends versuchte ich, mit meiner Mutter in einen engeren Kontakt zu kommen, doch sie hatte anderes zu tun, als mir zuzuhören. Papa hatte, von einer Sozialarbeiterin unterstützt, einen Antrag auf eine sozial geförderte Wohnung gestellt. Nach zwei Jahren bot man uns an, in eine Wohnung im dreizehnten Arrondissement umzuziehen.

Boulevard Massena Nr. 57 hieß die neue Adresse: feuchte, nicht sehr saubere, Fertigbau-Baracken. Das Sozialamt hatte uns erklärt, es handle sich um eine Notunterkunft, wo wir nur so lange wohnen sollten, bis etwas Besseres frei würde. Dieses »Provisorium« bewohnten wir acht Jahre lang, aber wir konnten uns nicht einmal beklagen: Andere Immigranten wohnten in sehr viel elenderen Behausungen. Wir hatten fließendes Wasser, Elektrizität und zwei recht große Zimmer. Das grenzte schon an Luxus.

Die Baracken waren in drei Reihen angeordnet und mit einem Zaun umgeben, wie im Zoo. Rechts neben uns wohnten sehr nette moslemische Neger, mit denen es nie Schwierigkeiten gab, und links die französische Hausmeisterin, die für die ganze »Barackenstadt« zuständig war, mit ihrem Mann und ihren beiden Kindern. Auch andere französische Proletarier wohnten hier: die Nonos, die ihre Wohnung mit Kanistern und Brettern erweitert hatten, um für ihre zahlreichen Kinder mehr Platz zu bekommen, sowie Mimi und Lulu, die ihre Zeit damit verbrachten, billigen Rotwein zu trinken. In ihrer Wohnung gingen die Säufer der Nachbarschaft aus und ein, und nachts brach regelmäßig Streit aus. Wir schlossen dann Türen und Fenster, denn Flaschen, Geschirr und alles, was ihnen gerade in die Hände fiel, wurde als Wurfgeschoß benutzt und fand den Weg ins Freie. Sie schlugen sich wie Lumpensammler, versöhnten sich aber regelmäßig am nächsten Morgen und fingen dann wieder an zu trinken. Lulu hatte eine Tochter, Mickey, eine Blonde mit knallrot angemaltem Mund, die sich wie Marilyn Monroe herausputzte und – so glaube ich – das älteste Gewerbe der Welt ausübte.

Die Russen waren sehr viel diskreter. Sie wohnten etwas abseits am Ende der dritten Barackenreihe. Ein Vater mit seinen zwei Kindern, eine kultivierte Familie, die in klassische Musik vernarrt war. Ich weiß nicht, was sie hierher verschlagen hatte.

Doch die meisten Bewohner der Siedlung stammten wie wir aus dem Maghreb. Halima aus Oran, deren winzig kleiner Mann nichts zu sagen hatte, meine Freundin Fanny aus der ersten Reihe; ihre Mutter gebärdete sich wie ein Star, sie putzte sich auf, hatte kurzgeschnittene Haare und benahm sich ziemlich affektiert. Jeder hielt sie für eine Pariserin aus einem der besseren Stadtteile, zumal sie akzentfreies Französisch sprach. Sie lebte aber auch schon seit dreißig Jahren in Frankreich. Für mich repräsentierten Fanny und die Frauen in ihrer Familie die Elite unseres Mikrokosmos. Andere Moslems aus der Barackensiedlung fanden allerdings, die Damen seien ziemlich überspannt: Westeuropäische Eleganz und Koketterie waren für sie immer noch gleichbedeutend mit Zügellosigkeit.

Auch in Paris lebten die muselmanischen Frauen unter dem zum Teil sehr strengen Joch der Männer. Dicht bei Fanny wohnte ein Tunesier, der seiner Frau schlichtweg untersagte, die Wohnung zu verlassen. Ab und zu entdeckten wir die Arme am Fenster, träumend wie eine Gefangene. Abdallah, der Vater Khalimas, mit der ich ebenfalls befreundet war, hatte nach dem Tod seiner Frau ein achtzehnjähriges Mädchen aus Algerien mitgebracht und geheiratet; er selbst war sechzig. Bachir, sein Sohn aus erster Ehe, war genauso alt wie seine zweite Frau. Böse Zungen lästerten ohne Unterlaß über das scheue Mädchen und fragten, in welchem Bett sie wohl schliefe. Zumal Abdallah nicht ganz richtig im Kopf war: Jeden Morgen biß er seine Tochter Khalima in den Schenkel, einfach so, fest, aber freundlich lächelnd. Weiß Gott, aus welchem Grund. Aissa, ein arbeitsloser Alkoholiker, ebenfalls Kabyle, schlug seine Ehehälfte regelmäßig, worauf sie schreiend flüchtete. Er hinterher, ein Beil in der Luft schwingend und »*Din ou qavach*« rufend, »Im Namen des Beils«. Er schlug ihr schließlich den Schädel ein ... Auch Amokrane sprang mit den Seinen nicht gerade zärtlich um. Seine Waffe war sein Gürtel, und jeden Abend gellten Schreie aus seiner Wohnung.

Anscheinend litten alle maghrebinischen Kinder unter der gewalttätigen Autorität ihrer Väter. Auch wir waren keine Ausnahme von dieser Regel, nur daß ich mich nie habe damit abfinden können. Wir gehörten zu den anständigsten Familien der Siedlung, und ich verstand diese würdelose Brutalität einfach nicht. Trotzdem: Unsere Eltern erzogen uns, so gut es ging, und legten bei Jungen wie bei Mädchen Wert auf die Schule. Bei der geringsten schlechten Note allerdings setzte es fürchterliche Prügel. Die Reaktionen meines Vaters jagten mir Angst und Schrecken ein. Wenn ein Zeugnis einmal mittelmäßig ausfiel, machte ich vor Angst in die Hose.

Dabei bin ich eigentlich überzeugt, daß er mich liebte. Es kam vor, daß er für Fatima und mich hinreißende Geschenke mitbrachte, wie etwa dieses wunderbare schottische Kostüm, das ich zum Hammelfest bekam. Fatima wurde mit einem lachsroten Kleid bedacht. Doch zärtliche Augenblicke waren selten; wir waren wohl einfach zu zahlreich. Zwei Dinge habe ich allerdings nicht vergessen: Einmal duschte mich mein Vater in einem großen, mit Wasser gefüllten Bassin, das er über die türkische Toilette gestellt hatte, und spritzte dabei übermütig herum. Ein anderes Mal schenkte er mir Bonbons, um mich von den rasenden

Zahnschmerzen abzulenken, die mich ans Bett fesselten. Fast hätte ich mir gewünscht, jeden Tag Zahnschmerzen zu bekommen.

Meine Mutter ertrug, wie alle Algerierinnen ihrer Generation, ihren Mann, so wie man es ihr befohlen hatte. Auch sie hatte ihren Mann nicht gewählt. Am Anfang ihrer Ehe war sie ihm ab und zu sogar davongelaufen, aber immer wieder gewaltsam zu ihm zurückgebracht worden. Nach Mohands Geburt hatte sich das gelegt. Sie wurde ständig schwanger. 1956 gebar sie ihr fünftes Kind. Insgesamt brachte sie neun auf die Welt, fünf Jungen und vier Mädchen.

Alle maghrebinischen Familien zeichneten sich durch zahlreiche Kinder aus, acht, zehn, sogar fünfzehn waren keine Seltenheit. Wurden wir von Außenstehenden nach der Anzahl der Kinder in unserer Familie gefragt, sagten wir fast nie die Wahrheit. Denn wenn wir die richtige Zahl nannten, bekamen wir oft hämische Kommentare zu hören:

»Eure Mütter werfen Kleine wie Karnickel! Dabei können sie nicht einmal alle Kinder satt kriegen.«

Aber was konnten die »Karnickel« denn anderes tun? Die Pille gab es damals noch nicht. Und wenn es sie gegeben hätte, dann wären die Männer sicher dagegen gewesen. Ihre Kinder waren schließlich ihr Kapital. Sie gingen davon aus, daß die Kinder später für sie arbeiten würden, so wie sie selbst für ihre Eltern sorgten. Bei uns war der Nachwuchs noch immer »das, was Gott uns geschenkt hat«, Ergebenheit in Gottes Willen und gleichzeitig eine Art Altersversorgung. Wie hätten Franzosen diese Gedankengänge verstehen können?

Ganz davon abgesehen, daß die Franzosen sich nicht sonderlich bemühten, uns zu verstehen. Wir waren arm und elend, Leute, mit denen man besser keinen Umgang hatte. Böse Wilde, die von den Außenstehenden verachtet wurden. Dicht neben dem Barackenlager stand ein größerer Wohnblock. Die Mieter beobachteten das Treiben um unsere Elendsquartiere, als ob es sich um Zirkusvorstellungen handelte. Sie schätzten ihr »kostenloses Kino« und freuten sich, wenn wir Araber, die Ratten, wie sie uns nannten, uns gegenseitig die Köpfe einschlugen. Wir Kinder lernten hautnah, was das Wort Klassenunterschied bedeutet. Eines allerdings verlieh uns eine gewisse Sicherheit: Tiefer konnten wir kaum noch fallen.

Die Erniedrigungen durch die anderen ließen unter uns echte Solidarität entstehen. Wir teilten unsere Einsamkeit, auch wenn wir sehr unterschiedlich veranlagt waren. Wir besuchten uns gegenseitig und feierten gemeinsam, wobei jeder einen Kuchen oder etwas zu trinken mitbrachte. Das Leben brachte uns bei, mit Widrigkeiten fertig zu werden und weder die Arme noch die Köpfe zu senken: Wir waren stolz. Natürlich stellt sich die Frage, auf was wir stolz waren: Wir haben unsere Würde bewahrt, wenn auch nicht unsere Folklore. Der Algerienkrieg schweißte uns noch enger zusammen. Die Immigranten hofften naiverweise, ihre Lebensbedingungen würden sich wie durch ein Wunder ändern, sobald ihre Heimat einmal befreit und unabhängig sein würde.

In meinem noch kindlichen Herzen bedeutete der Krieg nichts Bestimmtes, eher eine instinktive Auflehnung gegen Ungerechtigkeit, gegen unser Elend und gegen unsere Isolierung. Als gerade siebenjähriges Mädchen kämpfte ich schon damals, ohne es zu wissen, um meine eigene Unabhängigkeit. Ich hatte eine kleine Bande gegründet, die eisern zusammenhielt und mich als ihren Chef respektierte. Wir verständigten uns in unserer eigenen Sprache, einer merkwürdigen Mischung aus Arabisch, Kabylisch und Französisch. Auch unsere Spiele leitete ich, ohne die anderen je bewußt zu unterdrücken. Ich fühlte mich als Kahina, deren Lebensgeschichte ich von Setsi Fatimas Erzählungen kannte. Die Straße war unser Spielplatz. Als ich klein war, durfte ich draußen spielen, soviel ich wollte. Auf diese Weise war in der Wohnung mehr Platz. Was natürlich nicht bedeutete, daß ich nicht überwacht wurde. Mein älterer Bruder ließ mich nicht aus den Augen. Auch die jüngeren Brüder durften über uns Mädchen bestimmen. Es kam öfter vor, daß Mütter ihren jüngeren Sprößlingen einen Stock reichten, mit dem sie ihrer älteren Schwester eine Tracht Prügel verabreichen sollten. Andere Mütter hielten ihre Töchter fest, so daß die Brüder die Strafen problemlos vollziehen konnten. Obwohl diese Frauen selbst unterdrückt worden waren, unterstützten sie ihre Söhne dabei, dem weiblichen Geschlecht Angst und Schrecken einzujagen. Sie trugen so zur Entwicklung der männlichen Brutalität bei. Anscheinend war dies »notwendig«, damit aus den Söhnen »richtige Männer« wurden. Die Parole lautete: »Damit du ein *Izem* wirst, mein Sohn, ein Löwe.«

Mohand profitierte von seinem Recht als Erstgeborener. Er schlug mich selbst in Gegenwart meiner Freunde aus der Bande, was mich natürlich besonders beschämte. Manchmal jagte er mich mit Fußtritten nach Hause. Eines Abends mußte ich aus dem Fenster springen und im Freien in einem Versteck auf die Rückkehr meines Vaters warten, denn Mohand wollte mir aus lauter Zorn eine Flasche über den Kopf hauen. Doch weder mein Vater noch meine Mutter wiesen ihn zurecht. Ich wurde bestraft. Wir wurden in dem Respekt vor dem Erstgeborenen aufgezogen, der immer und in jedem Fall recht hatte. Mein Bruder mußte nicht einmal eine Geste andeuten. Wenn er mich mit seinen schwarzen Augen drohend anschaute, verstummte ich bereits oder floh. Eine solche Angst hatte ich vor ihm. Manchmal rächte ich mich dafür an meinen Spielkameraden, indem ich an ihnen meine Demütigung ausließ und ihnen meine Macht bewies.

Denn abgesehen von Mohand, konnte mir damals kein Junge Angst einjagen. Weder die in meiner Bande noch die kleinen Pariser, die nach der Schule Algerienkrieg spielten. Sie deuteten mit dem Finger auf uns und schrien: »Algerien bleibt französisch!«

Wir antworteten und zeigten ihnen einen Vogel: »Wir sind algerische Algerier!« Und schlugen uns mit ihnen herum, als ob wir Kinder die Politik unserer Väter mit unseren Fäusten fortsetzen wollten. Dabei hatten wir nur überschüssige Energie und rebellierten gegen unsere Armut.

Wir sprachen allerdings immer seltener Arabisch oder Kabylisch, schauten uns bei der einzigen Nachbarin, die einen Fernseher besaß, Abenteuerfilme an, und wenn wir unter uns kleinen »Ratten« mit den Stöcken, die unsere Schwerter ersetzten, unsere Kräfte maßen, dann fühlten wir uns als Richard Löwenherz oder die Ritter des Heiligen Grals. Vorbei Kahina, die Hexen der kabylischen Berge, die Legenden aus Djurdjura. Wir hatten unsere Helden gewechselt. Während unsere Onkel in Algerien die Franzosen bekämpften, damit Algerien möglichst bald algerisch würde, wurden wir, die wir in Algerien geboren waren, aber in Frankreich lebten, immer französischer.

Unsere Eltern in Paris kümmerten sich ebenfalls um den Krieg. Mein Vater gehörte – wie viele Männer der Siedlung – als aktives Mitglied der algerischen Befreiungsfront, der FLN, an. Im Jahr 1957 waren Hausdurchsuchungen, Razzien, Prügeleien aus rassistischen Gründen und dauernde Auseinandersetzungen mit der Polizei für uns Algerier an der Tagesordnung.

Bis zu diesem Zeitpunkt hatte mein Vater mit mehreren Vettern zusammen in verschiedenen algerischen Cafés gearbeitet. Da diese aber als Treffpunkte der algerischen Widerstandskämpfer bekannt waren, zog er es vor, die Cafés zu vermeiden, und ließ sich von Renault einstellen. Er engagierte sich wie meine Onkel mütterlicherseits, die bei uns Unterschlupf fanden, in immer stärkerem Maße in der FLN. Jeden Abend hatten wir Angst, die Männer kämen nicht nach Hause, denn die Mitglieder der FLN wurden von der Pariser Polizei überwacht und häufig einfach eingesperrt. Einige verschwanden spurlos. Es wurde behauptet, ihre Leichen seien in die Seine geworfen worden.

Mein Vater wurde 1959 bei Renault am Fließband verhaftet; er war denunziert worden. Er verbrachte einige Monate im Gefängnis von Fresnes, ohne daß er verurteilt worden war. Dann wurde er ins Lager von Larzac gebracht, wo wir ihn besuchen durften. Wir wurden vor jedem Besuch genau durchsucht. Es war streng verboten, den Lagerinsassen Lebensmittel mitzubringen. Ich war verzweifelt, meinen Vater an diesem entsetzlichen Ort zu sehen, und dann noch verzweifelter, als die Besuche untersagt wurden und ich ihn überhaupt nicht mehr zu Gesicht bekam.

Einige Monate später erfuhren wir, daß er wie andere politische Gefangene auch in seinem eigenen Haus in Algerien unter Hausarrest stand. Drei Jahre mußte er dort bleiben.

Meine Mutter erhielt etwas Geld von der FLN. Den Rest, den wir unbedingt brauchten, steuerten meine Onkel bei. Die eisernen Gesetze der gegenseitigen Unterstützung wurden in unseren weitläufigen Clans noch respektiert. Die Abwesenheit meines Vaters bedeutete für meine Mutter eine einschneidende Veränderung. Sie erwarb endlich eine gewisse Selbständigkeit. Nach und nach lernte sie Französisch und ging zusammen mit den anderen Frauen der Siedlung zum Einkaufen. Bei Behördengängen diente ich ihr als Dolmetscher, da die Sprache der Bürokratie für sie noch zu schwer war. Diese Besuche der Krankenkasse, des Sozialamts und anderer öffentlicher

Dienste waren entsetzlich. Entweder fehlte ein Papier, oder wir hatten einen Antrag falsch ausgefüllt. Natürlich mußte ich alles ausfüllen und sogar die Anträge unterschreiben, da meine Mutter nie schreiben gelernt hatte. Wir mußten die Behörden immer und immer wieder aufsuchen und verbrachten sinnlos ganze Tage mit Anstehen, bis unsere Nummer aufgerufen wurde. Wenn wir dann endlich an der Reihe waren, behandelten uns die Beamten hinter den Schaltern kalt und meckerten wegen der geringsten Kleinigkeit herum. Auf diese Weise versäumte ich viele Schultage.

Mein Vater schrieb uns regelmäßig und befahl seiner Frau, seriös zu bleiben. War er eifersüchtig? Niemand hätte sich meine Mutter mit einem anderen Mann vorstellen können! Vettern und Freunde deuteten allerdings an, Papa habe sich in der Heimat auf manche Abenteuer eingelassen, was mich sehr verwirrte.

Mein Vater kehrte sofort nach dem Waffenstillstand nach Paris zurück. Er war aggressiv und viel gewalttätiger als in der Vergangenheit und seiner Frau gegenüber sehr mißtrauisch. Waren das die Folgen seiner Verhaftung und seines Exils, die Folgen seiner langen Trennung von seiner Frau oder der relativen Emanzipierung meiner Mutter? Er begann zu trinken, und damit fing unser Leidensweg an.

Wenn er betrunken war, konnte er entsetzlich wütend werden und blindlings auf meine Mutter einschlagen. Er war nicht wiederzuerkennen. Er war immer hart gewesen, doch bevor er zum Alkoholiker wurde, war er ein gerechter und achtbarer Mann gewesen. Jetzt war ihm jede Gelegenheit recht, Mama anzugreifen. Trotz meiner zwölf Jahre und obwohl ich mich nicht geliebt fühlte, verteidigte ich sie. Dann prügelte Vater auf mich ein. Mein Bruder Mohand und meine jüngeren Geschwister wurden in solchen Fällen immer verschont. Nur tagsüber, wenn er bei der Eisenbahn arbeitete, hatten wir unsere Ruhe.

Doch in dieser Zeit mußte ich meiner Mutter helfen, vor, nach und manchmal auch während der Schulzeit. Sie war trotz der Schwierigkeiten mit meinem Vater wieder schwanger geworden. Ich erlitt das Los aller älteren Mädchen in der Siedlung, die von ihren durch die ewigen Schwangerschaften ausgelaugten Müttern immer mehr Arbeiten übertragen bekamen. Ich half beim Abwasch, lernte nähen und bügeln und kochte die Wäsche in riesigen Metallkesseln. Ich mußte sehr aufpassen, um mich nicht zu verbrennen, zumal ich noch klein war. Aber ich gewöhnte mich daran. Ich wusch selbst die Decken, seifte sie ein und stampfte dann mit den Füßen auf ihnen herum, um den Staub aus ihnen herauszutreten, so wie wir es in der Heimat machten. Meine Schwester Fatima und ich wrangen sie dann aus, indem wir sie wie Kordeln zusammendrehten.

Wie die anderen »großen Schwestern« in der Barackensiedlung bereitete ich die Flaschen für die Kleinkinder vor, wickelte sie und ließ sie Bäuerchen machen. Unsere Mütter brachten die Kinder auf die Welt, und wir zogen sie groß. Ich liebte, das heißt, ich kümmerte mich um meine jüngeren Geschwister, als ob es meine eigenen Kinder wären. Übrigens liebte ich die ganze Welt, wahrscheinlich aus meiner ungestillten Sehnsucht nach Zärtlichkeit heraus. Meinem Vater warf ich vor, daß er brutal geworden war, aber ich kümmerte mich trotzdem um ihn. Mohand hatte mein Vertrauen, trotz seiner Pascha-Allüren. Ich vergötterte meine Mutter und konnte einfach nicht glauben, daß ich ihr gleichgültig war. Ich konnte es einfach nicht ertragen, daß sie so schlecht behandelt wurde, wollte sie beschützen, später für sie arbeiten und aus diesem Sklavendasein befreien. Als Dreizehnjähriger gingen mir laufend solche Gedanken durch den Kopf.

Während des Ramadans fasteten wir; wir waren dann noch erschöpfter. Als Zehnjährige habe ich zum erstenmal während eines Ramadans mitgefastet, zunächst nur zwei Tage, donnerstags* und sonntags, wenn schulfrei war, später dann täglich. Unsere Eltern befolgten die Regeln der islamischen Religion soweit wie möglich. Meine Brüder waren alle beschnitten. Die Frauen und Töchter waren den Männern untertan, aber wir aßen Schweinefleisch, weil es in den Schulkantinen kaum anderes Fleisch gab, zumindest kein geschächtetes. Ich persönlich hatte Schwierigkeiten, mich in den verschiedenen Religionen zurechtzufinden. Aufgrund einer an sich harmlosen Krankheit war ich einmal in ein Sanatorium in Cannes eingewiesen worden, das von katholischen Schwestern geleitet wurde. Mein Vater hatte darum gebeten, meine mohammedanische Religion zu respektieren. Die Schwestern hatten diese Bitte erfüllt. Trotzdem habe ich natürlich das »Vater unser« und das »Gegrüßet seist du, Maria«, die täglich mehrmals gebetet wurden, so oft gehört, daß ich die Gebete bald auswendig kannte. Wenn ich abends im Bett den Himmel anflehte, unser Los zu verbessern, betete ich einmal zu Allah und dann zu Jesus. Aus meiner Kindheit habe ich mir starke Bindungen zu einem Jenseits bewahrt, allerdings auch einen gewissen Abstand zu Kulten und Riten entwickelt.

Ein Fest allerdings liebte ich besonders: Aid, das vierzig Tage nach Ende des Ramadan zu Ehren Abrahams gefeiert wird. Es ist das Fest des Hammelopfers, der einzige Lichtblick in unserer düsteren Welt. Die Frauen bereiteten Süßigkeiten und Kuchen vor, tanzten und sangen. Meine Mutter lachte endlich einmal wieder wie damals in Ifigha, als sie am Brunnen mit den anderen Frauen des

---

* In Frankreich war in den fünfziger Jahren donnerstags schulfrei (heute mittwochs). Anm. des Übersetzers.

Dorfes tratschte und klatschte, nur daß jetzt die Neuigkeiten aus der Siedlung im Mittelpunkt standen. Mein Vater war an diesem Tag entspannter und nüchterner. Wir, die jungen, kaum der Kindheit entwachsenen Mädchen hatten Wochen mit der Vorbereitung unserer Festtagsgarderobe verbracht. Ich liebte schöne Kleider. Eine meiner Tanten, eine Schneiderin, war an dieser Koketterie wohl nicht ganz unschuldig. Sie nähte für uns die damals hochmodernen Volantkleider.

Selbst an ganz normalen Tagen verkleidete ich mich gerne, mußte mich dann allerdings immer vor meinen Eltern verstecken. Sobald meine Mutter außer Haus war, holte ich einen Karton mit alten Kleidern und Lumpen hervor, die ich vom Flohmarkt hatte, und staffierte mich so gut wie möglich aus. Für ein paar Pfennige hatte ich meinen Schatz aus alten Satinkleidern, Halskrausen à la Katharina von Medici, den zerfetzten Gewändern eines ehemaligen Marquis mit weißen Spitzen und Seidenbändern zusammengehamstert. Ich liebte vor allem Hüte und Schuhe, große Schleppen und Schleier. Ich spielte »Königin« mit meinen Geschwistern, auf die ich aufpassen mußte, brach aber mein Spiel immer rechtzeitig ab, um mich wieder dem Haushalt zu widmen. Denn meine Mutter war sehr anspruchsvoll und nie mit dem zufrieden, was ich in ihrer Abwesenheit gemacht hatte.

Zu ihrer Entschuldigung möchte ich sagen, daß ihr Leben wirklich hart war. Innerhalb der Familie hatte sich nichts geändert. Doch Algerien war unabhängig geworden. Wir hatten die Befreiung unserer Heimat am 5. Juli 1962 mit einem unbeschreiblichen Fest gefeiert. Alle Bewohner der Notunterkunft hatten sich in den Farben Algeriens gekleidet: Grün, Weiß und Rot. Für einen Tag herrschte die Atmosphäre, die ich von den großen Festen in meinem Dorf kannte.

Doch dann begann der quälende Alltag wieder. Meine Eltern stritten sich immer häufiger, wenn auch meine Mutter sich mehr und mehr zu wehren suchte. Ich nehme sogar an, daß sie einen vergeblichen Abtreibungsversuch unternommen hat. Bei einer dieser schlimmen Auseinandersetzungen packte mein Vater sie an den Haaren und warf sie zu Boden. Ich ging dazwischen und bekam meinen Teil ab. Als ich am nächsten Morgen in der Schule saß, stiegen die Bilder wieder in mir auf. In der Pause verzog ich mich in eine Ecke und weinte.

Dabei war ich eine recht gute Schülerin. Ich hatte in allen Fächern gute Noten und sang als Solistin im Schulchor. Meine Lehrer stellten mich meinen Kameraden oft als Beispiel vor. Ich liebte meine Lehrerinnen, nur eine nicht, die Geschichtslehrerin, der ich einen Satz einfach nicht verzeihen konnte. Sie hatte uns beigebracht, daß die Franzosen im Jahre 732 unter der Führung von Karl Martell den Vormarsch der Araber bei Poitiers aufgehalten hatten, und sie mußte unbedingt hinzufügen:

»Gott sei Dank gab es Karl Martell, denn ohne ihn trügen wir heute alle Schleier.«

Ich hätte über diese spitze Bemerkung eigentlich zufrieden sein müssen, denn ich kämpfte damals schon gegen die Unterdrückung der Frauen in unseren Familien. Doch genau das Gegenteil war der Fall: Ich fühlte mich verletzt, war mir sicher, daß diese Frau uns für ihre Erbfeinde hielt. Uns, die Nachfahren der von Abd al-Rahmân angeführten Eindringlinge.

Trotz dieses Zwischenfalles lernte ich so gut, auch in Geschichte, daß ich mit einer Sondergenehmigung eine Klasse überspringen konnte.

Ich ging nun aufs Gymnasium und war stolz und erleichtert. Je mehr ich lernte, desto mehr entfernte ich mich von dieser Hölle, die zu Hause herrschte. Ich war inzwischen groß.

Aber ach ... Mit dem Größerwerden war ich auch in die Pubertät gekommen. Und nun wurde ich mit besonderem Argwohn beobachtet.

Ein Mädchen, behaupteten die Kabylen, ist ein Stachel im Fuß, ein Pfahl im Rücken seines Vaters und seiner Brüder. Eine Quelle ständigen Ärgers und ständiger Sorge, die einer strengen Erziehung bedarf. Die Mutter hat sich darum zu kümmern und immer mehr Verbote aufzustellen, je älter die Kleine wird. Wenn das Mädchen angesichts so vieler Zwänge weint, dann darf sich niemand darum kümmern, denn es muß lernen zu gehorchen, alles zu ertragen und sich zu beherrschen.

Zunächst einmal muß sie ihren Körper beherrschen. Sie darf niemals rennen, muß stets lange Kleider tragen, die auch die Waden bedecken, sie muß aufpassen, daß Schenkel und Waden verhüllt sind, wenn sie sich hinsetzt. Sie darf sich niemals einem Mann gegenüber hinsetzen ... Sie muß ihre Arme und ihre Haare verhüllen, die einen Mann reizen könnten. Sie darf die Haare nie offen fallen lassen und sich nie in Gegenwart eines Mannes kämmen.

Sie muß ihre Begeisterung und ihre Naschsucht beherrschen. Zurückhaltend sein beim Sprechen, wenig essen und vor allem nicht als erste. Jeden Müßiggang unterdrücken, schon in der Kindheit alle Tätigkeiten im Haushalt lernen, schweigend arbeiten, sich beim Ausfegen des Zimmers nicht bücken, sondern hinknien und dabei den Männern den Rücken zuwenden. Keinen Dank für die Erledigung der Hausarbeit erwarten, auch wenn sie schwer ist. Dafür den Eltern gegenüber immerwährende Dankbarkeit zeigen, da sie sie auf das Leben der Frau vorbereitet haben.

Vor allem aber jeden Anflug von Koketterie, sinnlicher oder gar sexueller Provokation vermeiden. Die Augen vor den Jungen zu Boden senken, ihnen nicht zulächeln, sie nicht anreden, ihnen die bessere Straßenseite, also die im Schatten, zu überlassen. Sobald das Mädchen seine erste Regel hat, wird es von der Mutter aufgeklärt, daß es sich jetzt in ständiger Gefahr befindet und daß ihr Geschlecht nicht nur für die Männer, sondern vor allem für sie selbst eine Gefahr darstellt. Je älter das Mädchen wird, desto stärker muß es gegen seinen Körper und dessen Verlangen ankämpfen. Es ist auf die Welt gekommen, um den Mann zu heiraten, den seine Eltern bestimmt haben, und um seinerseits Kinder auf die Welt zu bringen. Wenn ihm der Mann nicht gefällt, hat es nicht das Recht, diesen abzulehnen. Es ist von vorneherein ausgeschlossen, daß es unverheiratet bleibt: »Für ein Mädchen gibt es nur die Hochzeit oder das Grab«, sagt ein Sprichwort. Bis zur Hochzeit muß die junge Frau selbstverständlich unberührt sein. Ist sie es nicht, wird sie von ihrem Mann zu ihren Eltern zurückgeschickt, die, um die Familienehre wiederherzustellen, ihre Tochter umbringen, indem sie sie erwürgen, ihr Gift einflößen, oder auf jede sonstige Art.

Wie sollte ich mich als Dreizehnjährige in Frankreich mit diesen Gesetzen abfinden? Denn diese von unseren Vorfahren aufgestellten Prinzipien betrafen unsere Heimat. Hier in Paris schienen die Gebote völlig veraltet zu sein. Wie sollten wir es vermeiden, einen Mann anzureden, wenn wir einkaufen gingen oder auch nur mit der Metro fahren wollten und dazu eine Fahrkarte brauchten? Keinem kabylischen Mädchen wäre es in den Sinn gekommen, in Paris vor den vielen männlichen Passanten den Blick zu senken oder ihnen die Straßenseite im Schatten einzuräumen.

Zu Hause hatte ich diese Regeln meinem Vater und Mohand gegenüber strikt zu befolgen. Mein Bruder war inzwischen siebzehn und ich dreizehneinhalb und damit eine junge Frau, was Mohand wahrscheinlich verwirrte, denn er wurde immer anmaßender. Er überwachte mich und verbot mir jeden Ausgang, vom Besuch des Gymnasiums einmal abgesehen. Er zögerte nicht, mich zu schlagen, wenn ich einmal etwas verspätet nach Hause kam. Er wollte nicht, daß ich mich mit meiner früheren »Bande« amüsierte oder modische Kleider trug. Ab und zu war er, ohne daß ich mir dies erklären konnte, freundlich, lächelte mich an, machte mir kleine Geschenke, spielte den lieben, beschützenden großen Bruder und nahm mich mit ins Kino. Es war völlig undenkbar, daß ich allein ins Kino gegangen wäre. Doch sobald ein Junge in meine Nähe kam, reagierte er völlig unkontrolliert, instinkthaft und rachlüstern, als habe er alle Tugenden des Islams zu verteidigen.

Dabei war meine Tugend damals wirklich nicht in Gefahr! Ich war nicht nur zu jung, um an den harmlosesten Flirt zu denken, sondern hatte mir geschworen, nie zu heiraten (ich hatte verdrängt, daß auch dies verboten war). Ich empfand alle Männer als Tyrannen und hatte mir geschworen, daß nach meinem Vater und Mohand keiner mehr die Hand gegen mich erheben würde.

Im übrigen wurde mein Leben damals von anderen Dingen bestimmt als von unschuldigen Jungmädchenflirts: Ich verbrachte viele Nächte damit, meine kleinen Geschwister zu trösten, wenn meine Mutter vor dem Zorn meines Vaters zu den Nachbarn geflohen war, und hatte die Prügel hinzunehmen, die mein alkoholisierter Vater mir an ihrer Statt verabreichte. Tagsüber reichten die vielen Hausarbeiten, die ich zu erledigen hatte, und das Gymnasium, das ich unbedingt weiter besuchen wollte, aus, um meinen Tagesablauf vollauf auszufüllen.

Im Gymnasium konnte ich das Leben der Mädchen aus meiner Heimat mit dem der kleinen Französinnen vergleichen, die alle sehr viel aufgeblühter und freier waren. Sie wurden respektiert und besser behandelt als wir, in der

Schule wie auf der Straße. Ich fühlte mich im Vergleich zu ihnen zurückgesetzt und noch im Mittelalter lebend und lehnte mich wie fast alle meine maghrebinischen Freundinnen dagegen auf. Ich weiß heute, daß wir unseren Eltern im Grunde nicht böse sein dürfen; sie standen noch ganz in der Tradition, die sie auch uns auferlegen wollten. Das Ideal ihres Lebens hieß: Ihre Söhne sollten vernünftige Berufe lernen, ihre Töchter gut, das heißt die Traditionen respektierend, verheiratet werden und sie selbst wollten, nachdem sie ihre Pflicht erfüllt hatten, ihren Lebensabend in der Heimat verbringen. Sicher spürten sie, wie dünn der Boden geworden war, auf dem ihre Traditionen standen. Sie litten sicher bei dem Gedanken, daß ihre Welt mit ihnen verschwinden würde. Vielleicht wurde mein Vater aus diesem Grund Alkoholiker. Seit er nicht mehr lebt, versuche ich, sein Verhalten damit zu entschuldigen. Aber wir, die wir zu Beginn der sechziger Jahre heranwuchsen, hatten andere Beispiele vor unseren Augen als unsere Väter oder Mütter, unsere Vorstellung vom Leben sah sehr viel verführerischer aus. Ohne es zu wissen, bereiteten wir uns auf einen Generationen- und Kulturenkonflikt vor, der sehr viel mehr Opfer erforderte, als die Europäer sich vorstellen konnten oder können.

Nur in meinen Träumen war ich Kahina; zu Hause hatte ich solche Angst, daß ich mich ruhig und bescheiden verhielt. Aggressiv war ich nur im Gymnasium.

»Das ist eine geborene Revolutionärin!« behauptete mein Französischlehrer von mir.

In allen Fächern außer in Englisch hatte ich schlechte Noten in Betragen. Miß Filleul, unsere Englischlehrerin, hatte so wenig Autorität, daß alle bei ihr machten, was sie wollten. Niemand hörte ihr zu, und man betrachtete die Englischstunden als Freistunden. Ein solches Wesen mußte beschützt werden. Ich spielte wieder einmal Chef und setzte durch, daß meine Klasse ihr aufmerksam zuhörte. Vor lauter Dankbarkeit gab sie mir immer eine Eins in Betragen, was meine Direktorin völlig verwirrte:

»Djura, Sie sind wirklich ein widersprüchliches Wesen«, meinte sie verwundert. »Bei den Lehrern, bei denen alles drunter und drüber geht, sind Sie brav wie ein Lamm, und bei anderen, bei denen Ihre Kameradinnen sich musterhaft benehmen, sind Sie völlig undiszipliniert. Warum?«

Warum? Weil ich weder die Ungerechtigkeit ertrug, mit der man Miß Filleul behandelte, noch die Peitsche der strengen Lehrer. Ich mußte mich austoben, wollte provozieren. Eines Tages fragte mich die Direktorin, was ich später einmal werden wolle. Ich dachte an unsere Notunterkünfte und das schreiende Elend, mit dem ich dort täglich konfrontiert war, und antwortete so frech wie ironisch:

»Clochard!«

Die Dame war außer sich vor Entrüstung und bat meinen Vater in die Schule, um sich bei ihm über mein Verhalten zu beklagen.

»Ich kann das nicht verstehen«, antwortete mein Vater. »Zu Hause ist sie brav und rührt sich nicht. Machen Sie mit ihr, was Sie wollen.«

Kurze Zeit später wurden meine Freundin Martine und ich vom Gymnasium verwiesen.

Mit Jungen hatte ich keinen Umgang, dafür aber einige dicke Freundinnen. Martine war meine Komplizin und meine Vertraute. Sie war Französin. Sie wohnte in der Nähe der Ausländersiedlung und besuchte uns oft, ohne es ihren Eltern zu sagen, die diesen Umgang sicher nicht geschätzt hätten. Ich glaube nicht, daß sie sehr glücklich war. Sehr schnell wurden wir unzertrennlich. Wir teilten unseren Kummer, aber auch unsere Freuden, und konnten vor allem zusammen lachen, grundlos, lauthals, bis wir regelrechte Lachkrämpfe bekamen. Wir handelten uns für dieses Lachen Arrest und andere Strafen ein. Unsere Lehrer trennten uns, setzten die eine ganz nach vorn und die andere ganz nach hinten – vergebens. Selbst unter diesen Umständen fanden wir noch Mittel und Wege, gemeinsam in schallendes Gelächter auszubrechen. Man warf uns hinaus, was wir mit noch heftigeren Lachanfällen quittierten, obwohl wir wußten, daß wir für die schlechten Noten, die unweigerlich folgen würden, teuer bezahlen mußten.

Auch mit Fanny, deren Mutter an Krebs gestorben war, konnte ich mich herrlich amüsieren. Sobald unsere Eltern ausgegangen waren, besuchten wir uns gegenseitig und spielten Theater. Meine jüngere Schwester Fatima kam oft mit. Wir inszenierten »Das Testament des Doktor Cordelier« nach einem Film mit Jean-Louis Barrault, den wir kurz zuvor im Fernsehen gesehen hatten. Wir waren beim Anschauen beinahe gestorben vor Angst und bemühten uns, eine möglichst gruselige Atmosphäre zu schaffen. Fanny schmückte sich mit einer schwarzen Melone und einem Stock und verzog ihren Mund zu einer wilden Grimasse. Wir machten das Licht aus. Im Dunkeln schlug Fanny mit ihrem Stock drei-, viermal gegen ein Möbelstück, das dumpf dröhnte. Wir schrien vor Angst, machten wieder Licht und lachten wie die Wahnsinnigen. Jede von uns versuchte nun, die Rolle auf ihre Weise, natürlich besonders gruselig, zu spielen.

Wir tanzten viel, nach traditioneller und nach moderner Musik. Ich erfand viele Chansons. Fanny träumte davon, Sängerin zu werden. Sie hatte sogar einen »Impresario« aufgetrieben, der ihr mehr oder weniger versprochen hatte, uns zu »lancieren«. Er hatte ihr ein Chanson anvertraut, *Das vierblättrige Kleeblatt,* das wir einstudieren sollten. Er wollte sich dann um einen Vorsingtermin kümmern. Wir waren völlig außer uns, aber trotzdem mißtrauisch. Wir konnten es uns einfach nicht vorstellen, daß der Mann es ernst mit uns meinte, und haben die Sache dann fallenlassen. Unsere Eltern hätten einer solchen Ungeheuerlichkeit sowieso nicht zugestimmt. Sängerin? Wie schandbar ...

So gaben wir uns damit zufrieden, wie alle armen Kinder es damals taten, von den berühmten Schauspielerinnen zu träumen: Marilyn Monroe, Ava Gardner und Brigitte Bardot. Diese Frauen faszinierten mich. Ich sagte mir, daß so großartige Wesen einfach überglücklich sein müßten. Später, als ich feststellte, daß einige von ihnen Alkoholikerinnen geworden waren oder Selbstmord begangen hatten, änderte ich meine Meinung. Ich begriff auch, daß das Bild der Frau, das sie vermittelten, nicht immer sehr positiv war und daß auch sie in gewisser Weise Opfer eines Systems waren. Ich bin ihnen trotzdem dankbar, denn sie haben etwas Freude in den grauen Alltag meiner Jugend gebracht, der von Tag zu Tag düsterer wurde.

Dabei hatten wir auf eine Besserung gehofft. Meinen Eltern war in der Courneuve Quatre Mille eine Vierzimmerwohnung zugeteilt worden, und mein Vater hatte eine Entziehungskur gemacht. Ich war mir sicher, daß unser Alltag sich ändern würde.

Unglücklicherweise war die anonyme Atmosphäre in den riesigen Wohnblocks von Courneuve – richtige Kaninchenställe! – beinahe noch deprimierender als die Notunterkunft im dreizehnten Arrondissement. Mein Vater verfiel von neuem dem Alkohol. Renault hatte ihn nach Kriegsende ohne Probleme wieder eingestellt. Er arbeitete jetzt in der Nachtschicht und schlief tagsüber, was uns alle zu absoluter Stille verdammte. Nicht einfach durchzusetzen angesichts der vielen kleinen Kinder, die sich an den Röcken meiner Mutter und an meinen festklammerten. Mohand war bei einem unserer Onkel mütterlicherseits im dreizehnten Arrondissement geblieben, was ihn nicht daran hinderte, mich nach Schulschluß – Martine und ich gingen inzwischen auf die Mittelschule – zu überwachen. Mir wäre lieber gewesen, er hätte mir geholfen, den ewigen Streit zwischen Vater und Mutter zu schlichten, zumindest während der Wochenenden. Unter der Woche hielt sich mein Vater einigermaßen ruhig, doch kaum war der Samstag da, trieb es ihn in die umliegenden Kneipen, und er kam erst spätnachts total betrunken von seiner Tour zurück.

In diesen Nächten zwang ich mich, wach zu bleiben, und starb fast vor Angst. Zunächst las ich, sagte mir Gedichte vor, hörte Musik und träumte davon, daß ich eines Tages vielleicht eine Künstlerin sei und frei ... Dann beobachtete ich stundenlang vom Fenster meines Zimmers im dreizehnten Stockwerk aus die Straße. Meine Mutter blieb ebenfalls wach. Sobald wir von weitem die schwankende Silhouette meines Vaters erkannten, krochen wir unter die Decken und taten so, als ob wir schliefen, in der Hoffnung, er würde unseren Schlaf respektieren. Doch in der Regel hörte ich meine Mutter schreien, sobald er das Schlafzimmer betreten hatte. Ich rannte dann in ihr Zimmer und versuchte wie immer, die beiden zu trennen. Ich hatte Angst, er würde meine Mutter zum Fenster hinauswerfen, wie er öfter gedroht hatte, nachdem ein Nachbar im dritten Stock sich auf diese Weise seiner Frau entledigt hatte.

Natürlich bekam ich meinen Teil ab, während meine kleinen Geschwister weinend und völlig verschreckt aufwachten. Meine Mutter floh zu Vettern; manchmal lief sie auch im Morgengrauen bis zur Porte d'Ivry zu ihrem Bruder, wo sie dann den Sonntag über blieb, während ich mich um die Kleinen kümmerte und auch am Montag alles zu Hause erledigte und wieder einmal die Schule versäumte, während mein Vater sich von seinem Rausch erholte.

Ich sagte mir immer wieder, die Zukunft würde besser, doch manchmal konnte ich einfach nicht mehr und verzweifelte. Auch Martine war mutlos geworden. Eines Tages beschlossen wir, uns gemeinsam umzubringen, ein Versuch, der tragisch hätte ausgehen können, aber als Farce endete.

Wir hatten alle Medikamente an uns genommen, die wir hatten auftreiben können, nicht nur die Schlafmittel. Nach der Schule hatten wir dann alles wahllos hinuntergeschluckt, aber nicht einfach irgendwo, sondern in unserem alten Viertel, in einem Café an der Place d'Italie, genau gegenüber dem Krankenhaus der Barmherzigen Schwestern. Der Name hatte höchstwahrscheinlich unser Unbewußtes berührt. Ich bin mir heute sicher, daß wir gerettet werden wollten, daß wir uns nach Mitleid sehnten.

Wir verbrachten eine, zwei, drei Stunden in dem Café. Uns wurde nicht einmal schlecht! Wir machten uns langsam Sorgen. Sterben wollten wir ja und unter Umständen auch gerettet werden, doch den Zorn unserer Eltern angesichts einer dermaßen großen Verspätung auszuhalten, das war schlimmer als alles andere.

Endlich beschlossen wir mit Tränen in den Augen, nach Hause zu fahren. Gott sei Dank war mein Vater bereits bei der Arbeit. Meine Mutter akzeptierte meine Ausrede, und ich legte mich schnell schlafen.

Mitten in der Nacht begann ich dann zu »sterben«. Ich hatte den Eindruck, als ob in meinem Kopf ein riesiger Gong dröhnte, fühlte mich entsetzlich schwer und seufzte. Ich hatte solche Angst, daß ich meine Schwester Fatima weckte, mit der ich das Zimmer teilte. Ich gestand meinen Selbstmordversuch, hinderte sie aber daran, meine Mutter zu alarmieren. Sie flößte mir Milch ein. Heute weiß ich, daß dies bei Vergiftungen nicht immer angebracht ist, doch in meinem Fall wirkte es: Ich mußte mich übergeben und kam mit rasenden Kopfschmerzen davon.

In dieser Nacht träumte ich, bei einem Pferderennen auf die Nummern 17, 3 und 1 gesetzt zu haben. Die Zahlen entsprachen der Anzahl der Tabletten, die ich von verschiedenen Medikamenten genommen und zuvor sorgfältig gezählt hatte. Sie können es glauben oder nicht: Am nächsten Morgen fand der Prix d'Amérique statt, das bedeutendste französische Rennen, und das Ergebnis war 17 – 3 – 1, genau in meiner Reihenfolge. Natürlich hatte ich nicht gewettet.

Dafür winkte mir einige Zeit später das Glück in anderer Form. Ich hielt weiterhin Kontakt zu meiner zweiten Busenfreundin Fanny, die immer noch davon träumte, Sängerin oder Schauspielerin zu werden, und der es gelungen war, sich in der Schauspielschule Jussieu in der Rue du Cardinal-Lemoine einzuschreiben. Das Theater! Mein Entschluß war schnell gefaßt. Ich wollte mich ebenfalls in dieser Schule einschreiben. Merkwürdigerweise widersetzten sich meine Eltern dem Schulwechsel nicht. Ich muß gestehen, ich hatte nicht die ganze Wahrheit gesagt, sondern nur:

»Ich möchte in die gleiche Schule wie Fanny gehen.«

Seit mein Vater vom Alkohol abhängig war, interessierte er sich praktisch nicht mehr für mich, weder für die Schule noch für etwaige Männerbekanntschaften. Da in seinen Augen eine Schule so gut wie die andere war, ließ er mich gewähren. Ein Jahr später besuchte auch meine Schwester Fatima dieselbe Schule.

Die Schauspielschule war wirklich nicht wie alle anderen. Vormittags hatten wir allgemeinbildenden Unterricht und nachmittags Klavier, Tanz und Theater. Hätten meine Eltern geahnt, wie stark mich die künstlerischen Disziplinen anzogen, dann wären sie sicher mißtrauisch geworden. Doch ich hütete mich natürlich davor, ihnen das auf die Nase zu binden.

Für mein erstes Examen im Fach Schauspielerei sollte ich die Antigone von Jean Anouilh einstudieren, eine

Rolle ganz nach meinem Herzen: Auch Antigone weigerte sich und kämpfte. Ich wurde Zweitbeste. Eigentlich hätte ich Erste sein können, doch ich hatte meine Freundin Martine gebeten, mir die Stichworte zu liefern; als der Vorhang hochging, stierten wir uns dreißig Sekunden lang an und brachen dann in schallendes Gelächter aus. Ich mußte von vorne anfangen und wurde vom ersten auf den zweiten Platz zurückgestuft. Die Jury hatte mich allerdings beglückwünscht, und ich wurde durch den Erfolg ermutigt.

Ich arbeitete wie besessen, in Jussieu fühlte ich mich zum erstenmal in meinem Leben frei. Ich versuchte, so elegant wie die anderen Schülerinnen zu sein, und da ich kein Geld hatte, strengte ich meine Phantasie an, der einzige Luxus, über den die Armen verfügen. Ich zog mich möglichst komisch an, zum Beispiel einen grauen Faltenrock, karierte Weste und Melone, die einer meiner Onkel auf einem Flohmarkt gekauft hatte. Ich stand sehr früh auf, um mich zurechtzumachen und meine naturkrausen Haare zu Pariser Löckchen zu ringeln. Ich wollte so europäisch wie nur möglich wirken. Nicht weil ich meine Herkunft verachtet hätte, sondern weil ich bereits zu sehr mit dem latenten Rassismus der Franzosen in Berührung gekommen war. Selbst in der Schauspielschule meinten mir im Grunde wohlgesinnte Lehrer, meine Haare seien zu dunkel, mein Typ entspräche den klassischen Rollen nicht. Als ob am Theater alle Leute blond wären.

Jeden Morgen verwandelte ich mich in eine Pariserin, schminkte mich und machte mich auf die Socken, bevor der Rest der Familie aufwachte, denn selbstverständlich war es mir streng verboten, mich zu schminken.

Mit meinen Mitschülern verstand ich mich ausgezeichnet. In den Pausen gingen wir in das Café neben der Schule und diskutierten dort stundenlang. In einem gewissen Sinn wurde dieses Café zu unserem Jugendhaus, nur, daß es für mich zu verräuchert war. Zigaretten waren mir immer verhaßt gewesen, aber ich habe noch heute den Geschmack des Kaffees auf der Zunge, der dort ausgeschenkt wurde.

Abends wusch ich mir auf der Toilette des Cafés die Schminke ab. Während ich in Courneuve in den dreizehnten Stock hinauffuhr, zog ich mir die Strumpfhose aus und nahm meine Armreifen ab.

Ab und zu überraschte mich mein Bruder am Ausgang der Schule, wenn ich noch geschminkt war, und griff wie üblich mit aller Strenge durch. Dann tat er wieder so, als fiele ihm nichts auf, und nahm mich mit ins Kino oder in eine Ausstellung. Er wollte Photograph werden, und die Kunst brachte uns einander näher. Ich hoffte damals, er könne vielleicht meinen Vater überreden, mich den Beruf meiner Wahl ausüben zu lassen.

Ich machte mir Illusionen. Die Antwort meines Vaters war eindeutig. Als Sechzehnjährige sollte ich die Hauptrolle in der Unterhaltungsserie *Pitchi et Poi* spielen, die in verschiedenen europäischen Ländern gedreht werden sollte. Reisen, »drehen«! Die Türen des Paradieses öffneten sich vor mir. Die Produktionsgesellschaft bot meinen Eltern eine recht beträchtliche Summe an und war bereit, auch die Kosten für eine Begleiterin oder einen Begleiter aus dem Kreis meiner Familie zu übernehmen.

Doch die Entscheidung meines Vaters war eindeutig und unwiderruflich:

»Meine Tochter wird niemals auf der Bühne stehen!«

Ich war verzweifelt, denn ich spürte, daß sich meine Träume von einer Bühnenlaufbahn nie erfüllen würden. Mein Vater hatte mir klar zu verstehen gegeben, daß dem Vorhaben nicht nur meine Jugend im Wege stand. In zwei oder selbst vier Jahren würde er nicht anders entscheiden.

Trotzdem gab ich nicht auf. Ich ging weiter auf die Schauspielschule und sagte mir, ich hätte noch viel zu lernen und sollte das Beste aus der Situation machen. Der

Unterricht war das einzige, was mir Freude machte und mich zuweilen sogar begeisterte. Im Rahmen der Ausbildung arbeiteten wir manchmal auch als Statisten in den Studios auf den Buttes-Chaumont oder in Boulogne. Auf diese Weise wurden wir auch mit den technischen Gegebenheiten unseres zukünftigen Berufes vertraut. Bei den Dreharbeiten erlebte ich manchen Star aus der Nähe: Romy Schneider, Sophia Loren und sogar Elizabeth Taylor. Ich gehörte nicht zu denen, die überall Autogramme erbettelten, und ich wagte es nicht, die von mir verehrten Stars anzusprechen. Doch ich war begeistert, sie wenigstens aus der Nähe zu sehen. Eines Tages stieß ich am Eingang zum Studio mit Richard Burton zusammen, der gerade aus seinem grünen Rolls-Royce stieg. Er blieb stehen und sagte vernehmlich: *»Sorry!«*. Ein Bauer des 17. Jahrhunderts, bei dem sich Ludwig XIV. entschuldigt, muß sich ungefähr so gefühlt haben wie ich.

Meine Ausbildung an der Schauspielschule ging zu Ende; ich versuchte vergebens, mit meinem Vater handelseinig zu werden. Gut, ich würde nicht Theater spielen. Aber warum sollte ich mich nicht an der Pariser Filmhochschule einschreiben und Regisseurin werden? Hinter der Kamera würde niemand mein Gesicht sehen, ich würde mich nicht zur Schau stellen, die Schamhaftigkeit bliebe gewahrt und ich würde weiterhin so zurückhaltend sein, wie es den Töchtern Allahs geziemte. Ich sagte mir, ich könnte in diesem Beruf alles machen, was ich mir erträumte. Text, Musik, Tanz, Bilder – alles war in diesem Medium realisierbar.

Doch es war nichts zu machen: Alles, was auch nur von Ferne mit dem »Künstlerischen« zu tun hatte, wie mein Vater sagte, stieß ihn ab und blieb tabu, vor allem für eine Tochter. Er willigte dann ein, daß ich Jura studierte, denn er hatte immer gehofft, eines seiner Kinder würde Rechtsanwalt. Mein älterer Bruder hatte dies strikt abgelehnt, aber da ich ziemlich gute Noten nach Hause gebracht hatte, »gab er mir eine Chance«:

»Entweder Jura, oder du bleibst zu Hause wie alle Algerierinnen.«

Ich gehorchte, doch ohne allzu große Begeisterung, schrieb mich als Siebzehnjährige an der Universität ein und überlegte, welche Möglichkeiten mir blieben. Das erste Studienjahr verlief normal. Im zweiten wollte ich mich gleichzeitig in einer Journalistenschule einschreiben, um Kunstkritikerin zu werden. So konnte ich weiterhin mit der Kunst in Berührung bleiben. Gesagt, getan. Gleichzeitig arbeitete ich noch zwei Tage als Kassiererin in einem Supermarkt an den Champs-Elysées, um zum Familienhaushalt beizutragen. Mein Vater ließ sich alle Lohnabrechnungen vorlegen und nahm mir alles Geld ab, aber das war mir gleichgültig. Ich war bereit, alle Schwierigkeiten auf mich zu nehmen, und fühlte mich stark genug, um Berge zu versetzen.

Doch dann wurde ich plötzlich aus meinen Träumen gerissen: Mein Vater vergaß, daß ich eigentlich Rechtsanwältin werden sollte, und beschloß, mich zu verheiraten.

Er faßte diesen Entschluß, wie in Algerien üblich, ohne meine Meinung einzuholen! Er machte geltend, daß er aufgrund meiner Studien bereits mehrere Angebote ausgeschlagen habe, die ihm seit meinem fünfzehnten Geburtstag gemacht worden seien, doch jetzt habe die Warterei lange genug gedauert.

»Wenn du nicht in diesem Jahr heiratest, wirst du nie heiraten«, schrie er und hatte wie alle algerischen Väter Angst, sich mit einer Sitzengebliebenen herumschlagen zu müssen.

Dann erklärte er ohne Umschweife, er habe einem entfernten Vetter, den ich nicht einmal kannte, bereits sein Wort gegeben. Dessen Sohn, der mich heiraten sollte, hätte eine gute Stellung. Kurz und gut, ich erhielt den Befehl, diesen Mann zu heiraten. Jeder Widerspruch war ausgeschlossen. Ich geriet in Panik und war bereit, lieber zu sterben – diesmal wirklich –, als mich dieser barbarischen Tradition zu beugen. Natürlich wäre ich nicht das erste maghrebinische Mädchen gewesen, das diesen »Ausweg« gewählt hätte. Im algerischen Rundfunk hatte eine Frau einmal zu diesem Thema eine Sendung gemacht und den Mädchen, die von ihren Eltern zur Hochzeit gezwungen wurden, die Möglichkeit gegeben, sich auszusprechen. Aus ganz Algerien trafen beim Sender Telephonanrufe ein: »Mein Vater will mich morgen verheiraten, aber er irrt sich, morgen werde ich nicht mehr leben.« Die jungen Frauen gaben an, sie wollten sich vergiften, sich ins Meer stürzen und vieles mehr. Die Sendung wurde bereits kurz nach Beginn unterbrochen und die Journalistin entlassen.

In Frankreich wurden diese Ereignisse verschwiegen und fanden keinerlei Echo. Man ging davon aus, daß solche Zustände noch im tiefsten Algerien herrschten, sicher aber nicht in Europa. Dabei wurde diese Tradition mitten in Paris hochgehalten. Meine Geschichte ist der beste Beweis. Ich überlegte, wie ich mich am sichersten umbringen konnte.

Doch dann wurde mir bewußt, daß es idiotisch ist, sich umzubringen, nur weil man sein eigenes Leben leben will. War es nicht besser, das Haus meines Vaters zu verlassen? Zu fliehen? Doch das konnte noch gefährlichere Folgen nach sich ziehen. Denn unter diesen Umständen zu fliehen bedeutete gleichzeitig, seine Familie zu entehren. Sollte es meinem Vater gelingen, mich aufzuspüren, würde ich von ihm umgebracht, statt von mir selbst, das wäre der einzige Unterschied.

Wenn nicht ... wenn nicht Mohand mir helfen würde. Auch wenn das komisch klingen mag: Mohand war der einzige Mensch, der mir helfen konnte, denn er hatte kurz zuvor meine Freundin Martine geheiratet.

Mich hatte das im Grunde gar nicht überrascht. Da er mir laufend nachspionierte, kannte er meine Freundinnen, vor allem Martine, mit der ich sehr häufig zusammen war. Er war charmant und verführerisch, und da Martine Französin war und keine Algerierin, hatte er ihr gegenüber nicht die Skrupel, die er einem Mädchen aus seiner Heimat gegenüber gehabt hätte: Meine Freundin wurde schwanger.

Die »Affäre« wirbelte in beiden Familien viel Staub auf, in unserer allerdings sehr viel weniger, als wenn es sich bei der »entehrten Jungfrau« um eine Algerierin gehandelt hätte. Martines Eltern zogen es angesichts der »Tatsachen« vor, die Situation zum Besten zu regeln. Ihr Enkel sollte vor allem nicht unehelich geboren werden. Meine Eltern hatten Mohand seit seiner Kindheit verhätschelt; so war er es gewohnt, zu tun, was er wollte, und fragte sie nicht einmal um ihre Meinung. Er war gerade einundzwanzig Jahre alt geworden und damit volljährig. So konnte er sein Leben selbst in die Hand nehmen.

Niemand außer mir wollte an der Hochzeit teilnehmen. Ich war begeistert, daß Martine meine Schwägerin wurde. So wurden unsere Beziehungen noch enger. Wir mochten uns wirklich gern. Konnte ich vorhersehen, daß ihre Tochter Sabine eines Tages auf mein Kind in meinem Bauch einschlagen würde?

Wie auch immer, damals dachte ich, daß der von meinem Bruder geschaffene Präzedenzfall mir zugute kommen könnte. Mohand konnte mir kaum seine Hilfe abschlagen, moralisch, wie er sich immer gab. Ich hatte ja auch nicht vor, einen Mann zu heiraten, mit dem meine Familie nicht einverstanden war, sondern wollte nur keinen Unbekannten zum Mann haben. Mohand war inzwischen so europäisch geworden, daß er diesen Wunsch einfach begreifen mußte. Martine bestand ihrerseits darauf, daß er mit meinem Vater sprach, was er schließlich auch tat, doch ohne den geringsten Erfolg.

Dann kam ich auf die Idee, mit Mohand und Martine nach Algerien zu ziehen. Auf diese Weise konnte mich der väterliche Zorn nicht direkt treffen. Ich hoffte, in Algerien eine interessante Arbeit zu finden. Meine algerische Heimat war erst vor kurzem unabhängig geworden und noch im Aufbau begriffen. Algerien brauchte junge, enthusiastische, fortschrittliche Männer und Frauen. Davon ging ich aus. Wir würden in der Hauptstadt wohnen und arbeiten und später den Rest der Familie nach Algerien holen. Vielleicht würden meine Eltern hier wieder zu einem harmonischen Leben finden. Diese Hoffnung hatte ich nie aufgegeben und träumte ...

Wir träumten zu dritt. Mohand und Martine fanden meine Pläne gut. Wir versuchten, realistisch zu bleiben, und waren uns darüber im klaren, daß wir für die Verwirklichung unseres Vorhabens wenigstens etwas Geld brauchten. Wir beschlossen, jeden möglichen Job anzunehmen. Mein Bruder, der stolz auf seine neugewonnene Verantwortung war, bewahrte unser Erspartes in einem Glaspokal auf. Wir aßen nur wenig, kauften uns nichts zum Anziehen und sparten auf einen Gebrauchtwagen, damit wir uns in Algerien frei bewegen konnten.

Wir arbeiteten so hart, daß wir innerhalb von wenigen Monaten das Geld zusammengespart hatten. Ein einziges Problem war noch zu regeln: Ich war noch minderjährig, und mein Vater widersetzte sich heftig meiner Abreise.

Doch Mohand konnte intelligent und hartnäckig sein, wenn er nur wollte. Er berief einen Familienrat aus Onkeln und Vettern ein. Nachdem Mohand sich feierlich und vor Zeugen verpflichtet hatte, über mich zu wachen, gab mein Vater endlich nach. Auch in diesem Punkt konnte ich nicht wissen, wie teuer ich diese Machtübertragung bezahlen würde. Im Augenblick war ich im siebten Himmel.

Kurze Zeit später fuhren wir in unserem alten grauen Peugeot 403 nach Marseille, wo wir uns einschifften. Mir war nicht klar, wie absurd mein Verhalten war: In Frankreich war die feministische Revolution in vollem Gang, und die ersten Vorläufer der Mai-Unruhen zeichneten sich am Horizont ab. Und ich fuhr nach Algerien, um dem schwer lastenden Gewicht der überlieferten Familientraditionen zu entkommen, um endlich frei meine moderne Lebensauffassung verwirklichen zu können.

Der Dampfer, der uns in die Stadt meiner Hoffnungen brachte, hieß »Avenir«, Zukunft. War das nicht ein günstiges Vorzeichen?

Die Überfahrt verlief sehr angenehm und versöhnte mich mit dem Meer. Es waren kaum Franzosen an Bord; bei den meisten Passagieren handelte es sich um ausgewiesene Immigranten. Alles in allem das genaue Gegenteil meiner ersten Seereise im Jahre 1954, als viele Kabylen bei fürchterlichem Wetter Algerien verließen, um in der französischen Hauptstadt zu arbeiten.

Martine und ich waren die einzigen Frauen an Bord. Die sehr sympathische Mannschaft erlaubte Mohand, Martine und mir, es uns in der etwas komfortableren Touristenklasse bequem zu machen. Martines Baby, die kleine Sabine, war in Paris zurückgeblieben. Meine Mutter wollte sich um sie kümmern, bis wir uns in Algier installiert hatten.

Mein Bruder war ausgesprochen charmant. Als wir in der Bucht von Algier eintrafen, waren wir von so viel Schönheit und Weitläufigkeit wie berauscht, denn wir waren an die Schönheiten der Natur nicht mehr gewöhnt.

Nach den Zollformalitäten fuhren wir mit dem Wagen durch die Straßen der weißgekalkten Stadt, in der viele Männer in weißem Burnus und viele verschleierte Frauen unterwegs waren. Mein Bruder überfuhr, neugierig in alle Richtungen schauend, nur nicht geradeaus, ein Rotlicht, und ein Polizist ließ uns anhalten. Mohand entschuldigte sich damit, daß er so von seinen Gefühlen überwältigt sei, nach so langer Zeit wieder im Land seiner Vorfahren zu sein. Der Beamte ließ uns weiterfahren. Ich wäre am liebsten ausgestiegen und zu Fuß durch die Straßen geschlendert, um Algier, das ich nicht kannte, wirklich zu entdecken. Doch dann siegte der Wunsch, Ifigha wiederzusehen, und ich wollte Setsi Fatima umarmen. Wir würden schon bald nach Algier zurückkehren, um hier Arbeit zu suchen.

Die Vorstädte überraschten mich. Große, stillose Gebäude ohne jeden Charme waren wie Pilze aus dem Boden geschossen. Doch sobald wir uns auf der Straße befanden, die am Meer entlangführte, kam die Schönheit des Landes wieder voll zur Geltung.

Trotz unserer Müdigkeit fuhren wir noch lange. Nach Tizi-Ouzou sah ich zum erstenmal Bäuerinnen in bunten Kleidern, die in Olivenhainen arbeiteten und ihre Haare mit einem Kopftuch verhüllten, ohne das Gesicht zu bedecken, wie es die Frauen in meinem Heimatdorf taten. Dann nahmen wir die Straße ins Gebirge und suchten unser Dorf Ifigha, vorbei an vielen kleinen Dörfern, die sich die Gebirgshänge hinaufzogen. Natürlich erinnerten wir uns nicht mehr an den Weg. Wir fragten einen alten Mann, der uns langsam und ruhig Auskunft gab. Endlich kamen wir zu Hause an. Wir fuhren langsam auf dem steinigen Weg und wurden von einer Horde laut schreiender Kinder begleitet. Wir hielten auf dem Dorfplatz. Unser Haus am oberen Ende des Dorfes konnte man nur zu Fuß erreichen.

Die Dorfbewohner drängten sich um uns und fragten uns aus.

»Woher kommt ihr? Aus Frankreich? Was, ihr seid Fatimas Enkel? Holt sie schnell! Ein Glückstag für sie.«

Die Bevölkerung begleitete uns auf dem Weg zu unserem Haus. Die Frauen schauten Martine und mich verblüfft an, gaben aber keine Kommentare zu unserer Aufmachung ab. Wir trugen enge Hosen, die in hohen Stiefeln steckten, und dazu Umhänge aus blauem Leinen. Meine Haare waren der damaligen Mode entsprechend kurz geschnitten wie die von Angela Davis. Immer wieder riefen die Dorffrauen in fast feierlichem Ton:

»Du also bist Djura, Fatimas Tochter ... Denn du bist

ihre Tochter, vergiß das nicht. Sie hat dich gestillt, sie hat dir ihre Milch gegeben, sie ist deine Mutter.«

Vor unserem Haus blieb ich einen kurzen Augenblick stehen; ich war zu ergriffen bei dem Gedanken, meine geliebte Großmutter wiederzusehen. Die Wirklichkeit, die ich hier vorfand, entsprach überhaupt nicht meinen Kindheitserinnerungen. Alles, der Platz, die Moschee und jetzt das Portal zu unserem Haus, das nichts anderes war als eine ganz normale Tür, war viel kleiner, als ich gedacht hatte. Würde ich Setsi Fatima wiedererkennen?

Plötzlich tauchte sie in einer Gandura aus geblümter Baumwolle auf; ein Kopftuch verdeckte ihre Haare. Die langen, mit Henna gefärbten Zöpfe konnte sie allerdings nicht ganz verstecken. Sie hatte abgenommen, und ihr Gesicht war viel faltiger geworden. In ihrem lächelnden Mund mit den schmalen Lippen befanden sich nur noch zwei Zähne, doch ihre Augen strahlten immer noch gleich intensiv. Ich erkannte sie sofort, und Freudentränen rollten meine Wangen hinunter. Auch sie weinte. Mit beiden Händen packte sie meinen Kopf, ließ ihn wieder los, trat einen Schritt zurück, um mich besser anschauen zu können, umarmte mich von neuem und flüsterte zwischen zwei Schluchzern:

»Meine Tochter, meine Tochter ... Wie schön, daß ich meine Tochter wiederhabe.«

Endlich schaute sie zu meinem Bruder und zu Martine:

»*A revhiw, a revhiw!* Was für ein Glück! Was für ein Glück!«

Sie bat uns ins Haus. Ich erkannte die weißgekalkten Mauern, die Balken und die gestreiften Decken meiner Kindheit, die auf einer von Setsi Fatima selbst bemalten Truhe lagen. Dann drehte ich mich zur Tür, die offengeblieben war, und schaute zu den Bergen der Djurdjura mit dem ewigen Schnee hinüber. Ich hörte die Fragen nicht mehr, und auch nicht den Lärm, den die aufgeregten Dorfbewohner verursachten. Schließlich fragte ich mich, warum wir das Dorf je verlassen hatten. Ich hatte das beglückende Gefühl, daß für mich ein neues Leben begänne.

Am Abend richtete Setsi Fatima für Mohand und Martine eines der kleinen Häuser her, die den Patio umgaben. Das Gebäude schien mir recht baufällig zu sein, und ich schwor mir, es später reparieren zu lassen. Anschließend ging ich in »unser« Haus zurück, in dem ich mit meiner Großmutter so glückliche Jahre verbracht hatte.

Jetzt schaute ich mich etwas aufmerksamer um. Der Stall war leer. Setsi Fatima hatte nur kurze Zeit vor unserer Ankunft Kuh und Kalb verkauft, da sie Geld gebraucht hatte. Dafür schlief sie nicht mehr auf dem Boden, sondern in einem großen, schmiedeeisernen Bett, das ich mit ihr teilen sollte. Der Zwischenstock mit den Vorratstruhen war noch genau so, wie ich ihn in Erinnerung hatte. Die Krüge waren gefüllt mit Hartweizengrieß für den Couscous, getrockneten Feigen und Linsen. Auch der große Wohnraum mit der Kochecke und dem *Kanoun,* der Feuerstelle in der Mitte, in der das Brot gebacken wurde und vor der sie mir im Winter von *Tseryel,* der Hexe, erzählt hatte, war unverändert. Ich wußte, daß die gesamte Inneneinrichtung von meiner Großmutter selbst hergestellt worden war (außer dem Bett natürlich). Aber das war nichts Außergewöhnliches, denn seit Menschengedenken waren die kabylischen Frauen dafür verantwortlich.

Setsi Fatima hatte immer noch kein fließendes Wasser und keine Elektrizität. Bevor sie sich zum Schlafen hinlegte, zündete sie eine der selbst hergestellten Öllampen mit geflochtenem Docht an.

»*Sekniyid taqejirtim!*« forderte sie mich freundlich auf. »Zeig mir deine Füße.«

Dann zog sie mir auch schon die Stiefel aus, brachte ein Bassin mit Wasser und badete meine nackten Füße. Anschließend schaute sie sie lange an, bevor sie sie befriedigt streichelte. Der Fuß spielt in der kabylischen Ästhetik eine große Rolle. Da das traditionelle Kleid fast bis zum Knöchel reichte, fiel der Blick automatisch auf die Knöchel und die Füße. Je schmaler und feiner sie sind, desto besser.

Am nächsten Morgen wußten Martine und ich nicht, wie wir uns kleiden sollten, europäisch oder algerisch. Ich erinnerte mich, daß mein Vater großen Wert auf das europäische Kostüm gelegt hatte, das meine Mutter tragen sollte, als sie in Marseille an Land ging. Ich entschied mich also für eine Gandura. Martine war damit einverstanden. Meine Großmutter war begeistert und holte die schönsten Kleider, die sie in der Hoffnung, ich käme eines Tages in das Dorf zurück, aufbewahrt hatte, aus der Truhe. Wir zogen zwei lange, gestickte Kleider an und waren uns sicher, daß die Nachbarinnen und Nachbarn diese Geste zu schätzen wußten.

Tagelang zögerten die Frauen – die Männer sprachen selbstverständlich nicht mit uns –, bis sie uns Vorwürfe machten. Martine und ich hatten aus Spaß die rotgoldene Fouta nicht vorne, sondern seitlich umgebunden, was die Frauen erboste, denn es verstieß gegen die Tradition.

Auch das Kopftuch gehörte zur Tradition. Das *Amendil,* das die sinnliche Haarpracht verbarg. Selbst wenn in Paris viele Gebräuche am Leben erhalten wurden, versteckten die Mädchen der maghrebinischen Kolonie in den sechziger Jahren ihre Haare keineswegs. Hier war das undenkbar. Nur, wie sollte ich das Martine erklären, die ihre Haare immer offen getragen hatte? Auch ich hatte meine Probleme, denn das Kopftuch wollte auf meinen kurzen, gekräuselten Haaren einfach nicht halten und rutschte nach kurzer Zeit wieder herunter.

Ich erklärte Setsi Fatima unsere Probleme, die sich mit einem einfachen *»Roulikem«* als Antwort zufriedengab, »dann eben nicht«. Ihre Augen allerdings verrieten, daß sie sich nicht so einfach damit abfinden konnte. Die übrigen Frauen des Dorfes überhäuften sie kurz darauf mit Vorwürfen.

»Laß Djura bloß nicht so herumlaufen«, regten sich die alten Weiber auf. »Man wird sie für eine Hure halten. Das hat ihr Vater bestimmt nicht gewollt, als er sie hierhergeschickt hat. Das ganze Dorf wird über dich lachen.«

Plötzlich hatte ich eine Idee und meinte, eine Lösung gefunden zu haben: Ich bat Setsi Fatima um die Erlaubnis, im Haus mit unbedeckten Haaren herumzulaufen, versprach ihr aber, jedesmal, wenn ich das Haus verließ, einen Hut aufzusetzen. Unter einem Hut konnte man schließlich seine Haare ebenfalls verbergen.

Allgemeines Entsetzen. Es war schon schlimm genug, kein Kopftuch umzubinden, aber einen Hut zu tragen, das war für eine Frau geradezu eine Katastrophe! Ein Gedanke, der mir wohl vom Teufel eingegeben worden war! Der Hut war schließlich ein Symbol für die Männlichkeit. Völlig ausgeschlossen, daß eine Frau einen Hut aufsetzte! Da könnte sie gleich einen Burnus überziehen. Und wenn man es recht bedenkt, waren wir ja in einem Burnus angekommen. Unsere weiten Umhänge, die mir so tugendhaft erschienen waren, hatten die Dorfbevölkerung gleich am ersten Tag provoziert.

Fatimas Freundinnen beschlossen, meine Erziehung in die Hand zu nehmen. Um Martine kümmerten sie sich nicht so intensiv, denn die war schließlich Französin. Sie verziehen mir meine Fehler – ich war noch sehr klein gewesen, als ich das Dorf verlassen hatte –, doch jetzt hatte ich mich nach den Traditionen zu richten. Erstens einmal war ich viel zu dünn und hatte keine Hüften. Gab es denn in Frankreich nichts zu essen? Ich sollte unbedingt zunehmen. Und dann durfte ich meine Augen nicht mehr mit Kajal schminken. Das war verheirateten Frauen vorbehalten. Und ich durfte auf keinen Fall vergessen, auf den

Boden zu schauen, falls ich einem Mann begegnete, und mußte ihn immer als ersten vorbeilassen. Ich hatte in Paris bereits davon gehört, aber dort wurde diese Regel natürlich von niemandem respektiert. In Ifigha war sie ehernes Gesetz.

Zu Beginn war ich entschlossen, diese Zwänge aus reiner Höflichkeit auf mich zu nehmen. Ich wollte Setsi Fatima nicht verletzen. Vielleicht spielte auch ein bißchen Romantik, ein bißchen das Gefühl von der Rückkehr in die Heimat mit. Ich vermute, daß Martine sich anfangs amüsierte und aus diesem Grund mitmachte. Wir wollten ja nicht lange in meinem Dorf bleiben. Sobald mein Bruder die Wohnungs- und Arbeitsfrage geklärt hatte, würden wir nach Algier ziehen. Dort hatten wir zwar verschleierte Frauen entdeckt, aber auch viele, die ihre Haare offen trugen und emanzipiert waren, zumindest nahm ich das an. In der Zwischenzeit waren wir gerne bereit, uns den Gebräuchen der Bergbevölkerung zu unterwerfen.

Wir waren sogar bereit gewesen, für meine Großmutter, die von den vielen Jahren harter Arbeit ausgelaugt war, Wasser zu holen. Sie stand immer noch vor dem Morgengrauen auf und sprach ihr Gebet auf arabisch, obwohl sie kein Wort dieser Sprache verstand. Seit Jahrhunderten hatten die Kabylen es verstanden, der fremden Sprache den Zugang zu ihren Bergdörfern zu verwehren, und dem Französischen war es während der einhundertdreißigjährigen Kolonialherrschaft nicht besser gegangen. Nur die, die die Chance hatten, eine Schule zu besuchen, hatten Französisch gelernt.

Nach ihrem Gebet holte Setsi Fatima Wasser. Und da wir jetzt zahlreicher waren, brauchten wir auch mehr Wasser. Zuviel Wasser. Denn wir gingen viel zu verschwenderisch damit um.

»In der Wüste verstehen es die Menschen, sich mit einem Glas Wasser zu waschen«, erklärte Fatima.

Jedesmal, wenn ich beobachtete, wie sie den vollen Krug auf dem Kopf balancierte und den Berg hochkeuchte, hatte ich ein schlechtes Gewissen. Schließlich hielten es meine Schwägerin und ich nicht mehr aus und beschlossen, selbst Wasser zu holen.

Erfolglos versuchten wir, die Krüge ebenfalls auf dem Kopf zu balancieren, während uns die Frauen spöttisch beobachteten – und nicht nur die Frauen, auch die Männer warfen uns von dem Vorplatz der Moschee aus ihre Blicke zu. Wir kauften jede zwei Aluminiumeimer und schleppten darin das Wasser den Berg hoch. Obwohl die Eimer schwer waren, mußten wir mehrmals gehen, um einen Krug zu füllen. Einige der Dorfbewohner sahen in uns völlig lächerliche kleine Pariserinnen, die es nicht einmal verstanden, die einfachsten Gebräuche der Kabylen zu übernehmen. Andere meinten, wir hülfen unserer Großmutter, so gut wir konnten, und wir seien mutig, uns so dem Gespött des Dorfes auszusetzen.

Wie auch immer, wir blieben in den Augen der meisten merkwürdige Wesen von der anderen Seite des Mittelmeeres, »freie« Mädchen. Die Frauen des Dorfes bestaunten diese Freiheit, wie sie ein außerirdisches Wesen bestaunt hätten, ohne sich direkt betroffen zu fühlen. Am frühen Morgen begann das Kommen und Gehen bei meiner Großmutter. Ich schlief noch, da waren die ersten Besucherinnen bereits da und tranken Kaffee. Oft brachten sie Brot und Feigen und diejenigen, die Ziegen hatten, auch Milch und Butter mit. Setsi Fatima mochte das gerne, denn sie war eine gastfreundliche Frau. Selbst vor unserer Ankunft hatten sich die Frauen und Mädchen häufig bei ihr versammelt. Ihre Männer und Brüder hatten nichts dagegen, denn sie wußten, daß in Fatimas Haus keine Männer wohnten.

Innerhalb einer Woche war das Haus mit Kuchen, Zukker und tausend anderen Schleckereien überfüllt. Doch kaum hatten die Frauen die üblichen Begrüßungsformeln hinter sich gebracht, da stürzten sie sich auch schon auf mich und ließen mich keine Sekunde mehr allein. Sie musterten mich von oben bis unten. Eines Tages tastete eine sogar meine Brüste ab, als ob ich nicht gleich gebaut wäre wie sie. Die jüngsten balgten sich um meine Büstenhalter, die ich ihnen gerne überließ, oder gerieten angesichts anderer weiblicher Wäsche in Ekstase. Dann trafen die Kinder ein, schreiend oder weinend. Ich flüchtete mich ins Freie, ohne zu vergessen, meine Augen zum Boden zu senken. Das verstand sich von selbst.

Eine weitere Kindheitserinnerung stieg in mir auf: die stark riechenden Narzissen, die immer noch auf den Hügeln wuchsen. Ich flocht sie in mein Kopftuch (es war mir nichts anderes übriggeblieben, als das traditionelle Tuch zu tragen), wie es immer noch üblich war, und pflückte große Sträuße von rosa Blumen, die stark rochen. Diese Blumen verteilte ich im ganzen Haus, auf den Regalen und selbst auf dem Boden, vor allem vor dem Bett. Ich wußte, daß Schlangen den Geruch dieser Blumen nicht mochten und auf die Flucht gingen.

Ein kleiner Spatz hatte mir ein Schlangennest im Zwischenstock gezeigt und dies mit seinem Leben gebüßt. Ich hatte ihn gefangen, und er zwitscherte in meiner Hand. Ich setzte ihn auf eines der Regale. Er hüpfte hinter die Krüge, in denen meine Großmutter Weizen aufbewahrte ... Als ich ihn nicht mehr hörte, beugte ich mich vor, um ihn zu suchen, und entdeckte an seiner Stelle eine dicke Schlange, die blitzschnell in einem Mauerloch verschwand. Sie hatte mit dem armen Spatz sicher kein langes Federlesen gemacht. Ich schrie wie am Spieß. Meine Großmutter konnte dies nicht recht begreifen. Sie wußte selbstverständlich, daß die Reptilien es sich in ihrem Haus bequem gemacht hatten, fand das aber nicht weiter schrecklich.

Seit meiner Entdeckung verteilte ich zur Überraschung

aller im ganzen Haus Blumen, die normalerweise auf den Feldern blieben und nie zur Dekoration von Häusern verwendet wurden. Aber ich wollte friedlich schlafen oder die Gedichte Omar Khayyāms lesen, beim Schneidern oder beim Gemüseputzen helfen können und dabei nach altem Brauch auf dem Boden sitzen, ohne mich dauernd nach diesen schrecklichen Tieren umsehen zu müssen.

Nachmittags begleitete ich meine Großmutter wie in meiner frühen Kindheit auf allen Wegen. Wir besuchten Wöchnerinnen und Kranke oder gingen einfach in den Feldern spazieren. Setsi Fatima zeigte mir die Felder, die meinem Vater gehört hatten, eines nach dem anderen. Sie erklärte, für sie sei es dasselbe, ein Stück seines Landes oder ein Stück seines Fleisches zu verkaufen.

Wir gingen öfter zu einem kleinen Weiler mit dem hübschen Namen Tala-Gala, der an eine Glocke erinnerte. Meine Mutter stammte aus diesem Weiler. Die Menschen waren alle zumindest weitläufig miteinander verwandt, und es schien mir lange nicht so konventionell zuzugehen wie in Ifigha.

Die Alten erzählten mir Geschichten aus längst vergangenen Zeiten und bestätigten, Si Moh oder Mhand, der wandernde Dichter, hätte sich auch in diesem Dorf aufgehalten. Ich hörte ihnen zu und nutzte ihre Erzählungen, um mich mit der kabylischen Sprache noch vertrauter zu machen. Meine Eltern unterhielten sich in Paris auf kabylisch, aber ich selbst benutzte diese Sprache kaum. Meine alten »Cousinen« aus Tala-Gala freuten sich, daß ich mich für die Kultur meiner Heimat interessierte.

»Du bist nicht wie so viele, die auf schamlose Weise mit ihren Hintern wackeln, kein Wort ihrer Muttersprache sprechen und sich unter dem Vorwand, sie kämen aus Frankreich, für Göttinnen halten.«

»Ja, ja«, stimmten die anderen bei und spuckten vor Abscheu auf den Boden.

Eine Zeitlang dachte ich, aufgrund ihrer Sympathie für mich wären sie auch bereit, meinen »emanzipatorischen Vorträgen« zuzuhören. Ich versuchte, ihnen begreiflich zu machen, daß die algerische Gesellschaft nur für die Männer gemacht sei und ihr Status als Frau ihnen nichts als Schwerarbeit ohne jede persönliche Befriedigung einbrächte.

»Du hast recht«, meinten sie und zeigten mir ihre Arme, bei denen sich nur noch die Haut über die Knochen spannte.

»Du hast wirklich recht«, wiederholten sie und berührten mit ihren völlig abgearbeiteten Händen ihre eingefallenen Gesichter.

Beinahe hätten wir alle über unser schlimmes Schicksal geheult. Doch sie protestierten nicht, sie stellten nur fest, daß es so ist. Sie waren weiterhin bereit, ihre Lebensbedingungen zu akzeptieren, auch wenn ihnen manche Praktiken, bei denen mir die Haare zu Berge standen, zu weit gingen.

So erzählten sie mir von einem jungen, erst kürzlich verschwundenen Mädchen, das man auf dem Grund eines Brunnens gefunden hatte. Bei der Untersuchung stellte es sich heraus, daß die eigenen Eltern es in dem Brunnen ertränkt hatten, da sie den Mann ablehnte, den sie heiraten sollte. Zudem hatten die Eltern an ihrer Jungfräulichkeit gezwefelt.

»Was für eine Schande«, rief eine der Alten, doch niemand dachte daran, diese Bräuche zu untersagen.

Eine andere Heranwachsende hatte vergebens versucht abzutreiben und zu diesem Zweck geheimnisvolle Kräuter gegessen und es mit Zaubersprüchen versucht. Als ihre Mutter und ihre Schwester ihren Zustand bemerkten, brachten sie sie schlichtweg um.

Während ich diese Abscheulichkeiten hörte, beglückwünschte ich mich, in Frankreich erzogen worden zu sein, weit weg von dieser Welt aus einem anderen Jahrhundert. Ich hatte immerhin ausgehen und studieren können und fühlte mich jetzt durchaus in der Lage, mein Schicksal selbst in die Hand zu nehmen. Auf die Idee, daß meine Familie mich eines Tages ebenfalls mit brutaler Gewalt bestrafen könnte, weil ich von einem Mann, den sie nicht ausgewählt hatte, ein Kind bekam, wäre ich nie gekommen. Übrigens war ich damals noch fest entschlossen, nicht zu heiraten.

Mein freiwilliges Zölibat verschlug jung und alt die Sprache:

»Aber warum heiratest du denn nicht?«

Meine Freundinnen in meinem Alter aus Tala-Gala oder Ifigha warteten alle gehorsam auf den Tag der Hochzeit. Einige lebten noch zu Hause und kümmerten sich um den Haushalt, während andere das Glück hatten, ihre Ausbildung fortsetzen zu können, doch alle kümmerten sich um ihre Aussteuer. Sie zeigten stolz die prächtigen Decken vor, die sie an langen Abenden webten. Häufig arbeiteten mehrere gemeinsam bei der einen, um am nächsten Tag gemeinsam bei einer anderen zu arbeiten. Auf diese Weise verliefen die Abende fröhlicher, und die Arbeit kam schneller voran.

Dabei träumten sie nicht einmal von Liebe. Sie wünschten sich nur einen freundlichen, verständnisvollen und sanften Mann. Und flehten den Himmel an, er möge sie vor einer zu bösartigen Schwiegermutter bewahren. Denn die Herrschaft der Schwiegermutter war immer noch ehernes Gesetz. Wenn die Schwiegertochter ihr nicht gefiel oder nicht gehorsam war, konnte sie ihren Sohn praktisch zwingen, seine Frau zu verstoßen.

Ich konnte die Hartnäckigkeit einfach nicht begreifen, mit der diese »Söhnemütter« die Unterwerfung der Frauen betrieben und das so ungerechte System aufrechterhielten. Dabei hatten sie zu Beginn ihrer Ehe das gleiche Joch zu tragen gehabt. Sie hätten den Kreis durchbrechen und sich weigern müssen, auf ihre Töchter und Schwiegertöchter Druck auszuüben und sie zu erniedrigen. Genau das Gegenteil war der Fall: Diesem merkwürdigen Naturgesetz gemäß, nach dem Unterdrückte bei der ersten sich bietenden Gelegenheit zu Unterdrückern werden, überließen sie Generation um Generation den Männern die absolute Gewalt, *Mektoub,* das war das Schicksal.

Ich versuchte sie zu überzeugen, daß sie ihre Verhaltensweise ändern konnten und mußten. Daß ich selbst mich weigerte, mich zu unterwerfen und Glied dieses lächerlichen Kreislaufes zu werden. Ich forderte sie auf, sich zusammenzuschließen und ihr Sklavendasein gemeinsam zu beenden. Ich hätte genauso gut in der Wüste predigen können. Ich hoffte, wenigstens ein Minimum weiblicher Solidarität vorzufinden, stieß aber nur auf eine Mauer aus Schweigen.

Vielleicht lag es daran, daß meine eigene »Emanzipation«, ohne daß mir dies bewußt gewesen wäre, nur aus Worten bestand. Die Falle der Tradition würde schon bald über mir zuschlagen, und ich sollte mich mit einer kaum aushaltbaren Realität auseinandersetzen.

Wir lebten nun schon seit einigen Monaten in Ifigha, und ich wurde langsam ungeduldig. Mein Bruder behauptete, sich um Stellen für uns in Algier zu kümmern, war aber nicht sehr gesprächig. Auch Martine erzählte er kaum etwas. In Wirklichkeit hatte er sich seit unserer Ankunft in der kabylischen Heimat radikal geändert und genoß das Dasein eines Paschas.

Wenn er überhaupt mit uns sprach, dann nur, um uns Befehle zu erteilen. Er fuhr nach Algier und kam zurück, ohne uns etwas zu erzählen. In Ifigha trug er einen Burnus, ging mit seinen Freunden auf die Jagd oder hielt sich in einem der kleinen Häuser, die um den Patio standen, auf, von denen eines speziell für ihn und seine Gäste hergerichtet worden war. Meine Schwägerin und ich bereiteten das Essen für die Herren vor, das meine Großmutter servierte, denn wir jungen Frauen durften uns den Männern nicht zeigen. Ich hatte im übrigen nicht die geringste Lust, mit denen etwas zu tun zu haben. Sie waren doch alle Tyrannen wie Mohand, und einer reichte mir vollauf!

Denn mein Bruder war wieder so kleinlich und aggressiv wie früher geworden. Er behandelte unsere Großmutter als Magd, schlug mich beim geringsten Fehler, ohne daß jemand eingegriffen hätte. *Derguez,* er war eben ein Mann, und Männer durften tun, was sie wollten. Er erzählte Gott und der Welt, ich sei ihm vom Vater anvertraut worden, und rechtfertigte so die absolute Autorität, die er über mich ausübte. Ich saß in der Falle.

Ich nehme an, daß es für Martine noch schlimmer war. Sie hatte sich in Paris in Mohand verliebt und ein Baby von ihm bekommen, aber sie hatten nicht zusammengelebt. So wußte sie nicht, wie gewalttätig ihr Mann werden konnte. Und hatte Mohand in der Euphorie, nach Algerien zu ziehen, nicht zu uns gesagt:

»Macht euch keine Sorgen, was die sogenannten ›Traditionen‹ angeht; wir sind schließlich in Frankreich groß geworden und haben mit diesen veralteten Gewohnheiten nichts mehr zu tun.«

Wie hätte meine Schwägerin auf die Idee kommen können, eines Tages von ihrem Mann eingesperrt, unterdrückt und geschlagen zu werden? Bei den ersten »Züchtigungen« meines Bruders glaubte sie, die Welt ginge unter.

»Algerien hat ihn völlig kaputtgemacht«, sagte sie zu mir. Doch sie war weniger rebellisch als ich, was Mohand natürlich ausnutzte. Schon bald erhielt sie doppelt soviel Schläge wie ich. Wir trösteten uns gegenseitig, schütteten uns wieder wie in der Schule vor Lachen aus und fielen langsam der gleichen Lethargie anheim, in der die hiesigen

Frauen lebten; wir hatten kein Geld und auch keine Möglichkeit, unsere Lage von uns aus zu ändern.

Endlich kam Mohand mit guten Nachrichten aus Algier zurück. In seiner Begleitung befand sich ein französischer Freund, Olivier, den er bereits in Paris kennengelernt hatte, ein Architekt.

Er machte sich sogar die Mühe, uns Olivier vorzustellen, denn der Architekt war bereit, uns eine Wohnung zu vermieten, die er in El Biar, einem der besten Viertel der algerischen Hauptstadt, besaß. Waren wir erst einmal dort, würden wir mit vereinten Kräften sicher eine Arbeit finden.

Einige Tage später packten wir unsere Koffer. Ich war begeistert und leicht verwirrt. Während seines kurzen Aufenthaltes in Ifigha hatte ich Olivier beobachten können und wußte nicht mehr aus noch ein. Gab es das wirklich, höfliche, ruhige Männer, die sich aufmerksam um die Frauen kümmerten? Er schaute mich häufig an, und ich gewann den Eindruck, als ob ich ihm nicht gleichgültig wäre. Und Olivier war ein äußerst anziehender Mann.

Doch ich hatte anderes im Kopf als die Jagd nach einem Mann. Obwohl ich Algier nicht kannte, hatte ich schon kurz nach unserer Ankunft in der Stadt die Telephonnummern der Menschen ausfindig gemacht, die mir weiterhelfen konnten. Ich fand eine Möglichkeit, Schauspielunterricht zu nehmen, und lernte einen Direktor der algerischen Rundfunk- und Fernsehanstalt kennen sowie verschiedene andere Personen, die bereit waren, mir zu helfen. Schon nach kurzer Zeit wurden mir konkrete Angebote gemacht, viel schneller, als ich es mir erträumt hatte. Ich konnte wählen, ob ich im Radio oder im Fernsehen debütieren wollte, wo man mir die Stelle einer Sprecherin und einer Journalistin anbot.

Überglücklich ging ich nach Hause, um meinem Bruder die gute Nachricht mitzuteilen.

»Das kommt auf keinen Fall in Frage«, schrie er. »Du wirst niemals beim Fernsehfunk arbeiten; dieses Milieu ist nichts für dich. Such dir etwas anderes.«

Ich hatte meinen Vater verlassen, um endlich frei zu sein, und war jetzt noch schlechter dran als zuvor. Mohand wollte, daß Martine und ich als Verkäuferinnen im algerischen Kaufhaus arbeiteten. Ich hatte natürlich nichts gegen Verkäuferinnen, aber ich fand es doch absurd, mich nach meinem Studium hinter einem Verkaufstresen wiederzufinden. Wieder einmal sollte ich nicht selbst über mein Leben entscheiden können.

Glücklicherweise fand ich für meine Schwägerin und mich Arbeitsplätze im Büro des Krankenhauses Mustapha. Ich fand das besser als die Arbeit im Kaufhaus, und mein Bruder machte keine Schwierigkeiten, zumal die Stellen besser bezahlt waren als die im Kaufhaus und wir buchstäblich pleite waren. Er erteilte uns einen kategorischen Befehl:

»Ich verbiete euch, mit euren Arbeitskollegen Umgang zu pflegen. In diesem Land hat man schnell einen schlechten Ruf. Ihr habt euch nicht mit ihnen zu unterhalten und ihnen auch nicht die Hand zu geben, wenn ihr sie begrüßt oder ihr euch verabschiedet.«

Natürlich meinte er männliche Kollegen. Wir beugten uns während der Arbeit den ganzen Tag über die Papiere und beantworteten kaum die Fragen, die uns die Männer stellten, überzeugt, daß Mohand das geringste Wort, die geringste Geste erführe.

Denn Algier war im Grunde ein Dorf geblieben. Natürlich kannten uns nicht alle, aber es war offensichtlich, daß wir aus Frankreich gekomken waren, und das reichte schon aus, um zur Zielscheibe ihrer Neugierde zu werden. Hier in Algier trugen wir wieder europäische Kleidung –

natürlich keinen Minirock, der in Paris gerade groß in Mode war, aber doch recht elegante Sachen. Außerdem waren wir beide nicht gerade häßlich. Die Männer schauten uns auf der Straße nach, was Mohand regelmäßig ärgerte. Wie konnten sie es nur wagen, uns anzuschauen, wo er uns doch begleitete! Wir durften kaum noch ausgehen.

Zu Hause herrschte eisiges Schweigen, wenn Mohand nicht gerade einen seiner Wutausbrüche hatte. Nur wenn Martine und ich allein waren, entspannten wir uns. Wir sprachen dann von Paris und unserem dortigen Leben, das uns so schwierig vorgekommen war, daß wir uns sogar umbringen wollten, das uns aber heute wie die gute alte Zeit erschien. Wir trösteten uns, indem wir uns sagten, daß es schlimmer nicht mehr kommen könnte.

Für mich kam es allerdings noch schlimmer.

Eines Nachmittags besuchte uns Olivier. Mein Bruder war nicht da, aber da uns Olivier die Wohnung zur Verfügung stellte, war es wohl das mindeste, daß wir ihm einen Tee anboten.

Wir unterhielten uns fröhlich, als Mohand unerwartet zurückkam. Ging ihm unsere gute Laune auf die Nerven? Sein Gesicht war aschfahl. Ohne ein Wort zu sagen deutete er mit dem Finger auf das Bad. Ohne zu wissen, was er eigentlich wollte, ging ich hinein. Er folgte mir und schloß die Tür hinter sich, bevor er mir eine schallende Ohrfeige gab, mich an der Schulter packte, in den Gang, ins Treppenhaus und schließlich zu seinem Wagen schleifte.

»Was ist mit Olivier und dir?« schrie er mich an.

»... Nichts!«

Ich hatte kaum geantwortet, als ich eine zweite, ebenso kräftige Ohrfeige erhielt. Ich heulte und schwor, es sei nichts zwischen uns. »Dieser Mann hat ein Auge auf dich geworfen!« behauptete mein Bruder.

Ich erklärte ihm so ruhig wie möglich, daß Olivier mich gern möge und ich ihn ebenfalls.

Ohne es zu wissen, hatte ich meine Einweisung ins Gefängnis unterschrieben.

Noch am gleichen Abend brachte mich Mohand nach Hussen Dey, ein sehr volkstümliches Viertel, in das Appartement eines Onkels mütterlicherseits, der es nicht mehr bewohnte. Sollte Olivier mich nicht finden? Mein Bruder ging sehr viel weiter. Er hatte alle Männer im Visier. Mohand untersagte mir, die meisten meiner Kleider mitzunehmen, die in seinen Augen zu kurz waren, obwohl sie meine Knie bedeckten. Ich mußte mich mit dem einzigen Rock zufriedengeben, der seine Schamgefühle nicht verletzte, und auch das nur, nachdem ich den Saum ausgelassen hatte. Dieser »anständige« Rock sollte meinen Untergang beschleunigen.

Jeden Morgen holte mein Bruder mich aus meiner baufälligen Behausung ab, um mich ins Krankenhaus zur Arbeit zu bringen. Ich trug den schwarzen, wadenlangen Seidenrock, den er für mich ausgesucht hatte. Der weiche Stoff betonte meine Formen. Dazu trug ich eine weiße, strenge Bluse und Pumps und sah aus wie ein Vamp der dreißiger Jahre. Natürlich zog ich in dieser ungewöhnlichen Aufmachung alle Blicke auf mich, genau das Gegenteil von dem, was mein Bruder sich erhofft hatte.

Als Mohand dies bemerkte, verlor er den Kopf. Er verbot mir zu arbeiten und sperrte mich in das Zimmer ein. Er schloß zwar nicht ab, aber wohin hätte ich schon gehen sollen? Allein das Gebäude zu verlassen, war für ein Mädchen meines Alters ein gefährliches Unterfangen. Hussen Dey war eine unsichere Gegend; Überfälle und Vergewaltigungen waren an der Tagesordnung. Wen hätte ich um Hilfe bitten können? Ich kannte in Algier praktisch niemand. Die Polizei? Ich war noch minderjährig und meinem Bruder anvertraut. Ich blieb tagelang allein in diesem dreckigen Zimmer und wartete, bis mein Bruder mir etwas zum Essen brachte, meistens Reste.

Er hinderte Martine daran, mich zu besuchen, und wollte uns offensichtlich auseinanderbringen. Ab und zu schickte er mir Sabine, seine kleine Tochter, die er aus Paris hatte kommen lassen. Martine arbeitete tagsüber, so daß sie das Baby Nachbarn oder Verwandten anvertrauen mußte. Auch ich gehörte zu den Babysittern und war glücklich darüber. Ich liebkoste die Kleine und hoffte, daß sie trotz des tyrannischen Vaters nicht das gleiche durchzumachen haben würde wie ich.

Für mich wußte ich keinen Ausweg. Ich war eingesperrt worden, weil ich mein Leben leben wollte, nicht weil ich Ausschweifungen gesucht hätte. Ich hatte meinem Bruder vertraut und gehofft, er würde mir bei der Verwirklichung meiner Pläne behilflich sein – jetzt richtete er vor mir eine Mauer aus Vorurteilen auf. Außerdem war er grausam. Und war Olivier nicht auch ein Mann wie alle anderen, auch wenn er nett zu mir war? Bis jetzt hatte mein Bruder mich nie davor gewarnt, einen Franzosen zu heiraten. Er selbst hatte schließlich eine Französin gewählt. Ich schloß daraus, daß Mohand nicht nur den brüderlichen Normen gemäß reagierte, sondern auf jeden Mann eifersüchtig war und mich für sich allein haben wollte.

Wie auch immer, fünf Monate war ich eingesperrt. Fünf Monate, in denen ich mit niemandem sprach und nur Sabine und deren Vater zu Gesicht bekam, wenn überhaupt. Stundenlang schaute ich von dem Balkon des Studios aufs Meer. Ich spielte öfter mit dem Gedanken, mich aus dem Fenster zu stürzen und meinen Leidensweg zu beenden. Doch das Leben war stärker, obwohl ich oft Angst hatte, wahnsinnig zu werden.

Zwei Schallplatten, die ich seltsamerweise in dem fast leeren Zimmer fand, halfen mir, die schwersten Augenblicke zu überstehen, Vivaldis *Vier Jahreszeiten* und Beethovens *Klavierkonzert Nr. 5.* Ich berauschte mich an der Musik und zeichnete auf Papierfetzen die Farben und Formen, zu denen sie mich inspirierte.

Die Stille wurde mir unerträglich. Ich hatte nichts zum Lesen. So schrieb ich Gedichte und vertonte sie, das heißt, ich begann sie zu singen, um wenigstens eine Stimme zu hören, auch wenn es nur meine eigene war. Meinem Eingeschlossensein in diesem Zimmer verdanke ich meine ersten Arbeiten als Sängerin, Texterin und Komponistin.

Ab und zu fühlte ich mich nicht nur als einsame Dichterin, sondern auch als Frau und schaute meinen Körper erstaunt im Spiegel an. Ich hatte vergessen, einen Körper zu besitzen. Einen jungfräulichen Körper. Aber einen vom vielen Leid frühzeitig gealterten Geist.

Dann wieder hoffte ich auf ein Wunder. Ich dachte an die Prophezeiungen eines Marabut, den meine Großmutter und ich einige Monate zuvor aufgesucht hatten. Wir waren eine recht beträchtliche Gruppe, die sich um den Alten versammelt hatte. Er richtete sich kurz an jeden, bevor er mich lange anschaute und dann sagte:

»Hab keine Angst. In diesem Sommer noch werden die Flugzeuge kommen. Das wird so etwas wie das Ende deines Elends bedeuten.«

Die Flugzeuge ... bedeutete das, daß ich mich eines Tages wieder auf der anderen Seite des Mittelmeeres befinden und nicht mehr so schlecht behandelt werden würde? Ich schrieb an meine Eltern einen Brief nach dem anderen und flehte sie an, mich zu holen. Heimlich und voller Furcht gab ich die Briefe auf. Ich hatte jedesmal Angst, wenn ich mich in diesem Viertel allein auf die Straße wagte.

Später erfuhr ich, daß die Briefe ihre Empfänger erreicht hatten. Meine Mutter hatte nichts zu sagen; die Beziehungen zu ihrem Mann waren noch schlechter als zuvor. Und mein Vater jubilierte:

»Geschieht ihr ganz recht! Sie hat uns verlassen wollen; jetzt weiß sie, was sie sich dabei eingehandelt hat.«

Er war sehr zufrieden mit dem Verhalten meines Bruders, der damit nur bewies, daß er seine Rolle ernst nahm und mich kurz hielt. Ich schrieb ihm immer wieder, bat ihn, wenigstens ein Papier zu unterzeichnen, in dem ich die Erlaubnis erhielt, allein nach Paris zurückzukehren. Er lehnte alles ab.

Eines Morgens öffnete sich die Tür zu einer Stunde, zu der mein Bruder nie kam. Es war leibhaftig mein Vater. Ich war begeistert und dankbar und warf mich in seine Arme: Er war gekommen, um mir zu helfen!

Wie naiv ich war! Er verbrachte seine Ferien in Algerien und wollte nachprüfen, wie ich lebte. Er war also nicht aus Mitleid gekommen, sondern zur Kontrolle.

Wir verbrachten drei Tage zusammen, ohne uns viel zu sagen. Unsere Beziehungen waren schon immer eher schweigsam gewesen; er gab sich damit zufrieden zu beobachten.

Trotz allem war ich mir sicher, daß er Mitleid für mich empfand. Niemand besuchte mich, ich hatte kein Geld, aß die Reste anderer auf, ging niemals aus und hatte zudem in einem schlecht beleumundeten Viertel zu leben.

Am dritten Tag fragte er mich nachdenklich:

»Du lebst hier völlig allein?«

Die Frage hatte beinahe zornig geklungen. Ich hoffte, er würde Mohand zurechtweisen, daß er mich derart allein ließ, und freute mich insgeheim. Ich antwortete ihm, natürlich sei ich den ganzen Tag allein, das hätte ich ihm schließlich viele Male geschrieben.

Er sagte lange nichts, ging in dem Zimmer auf und ab. Er würde sicher Mitleid mit mir haben. Ich war wirklich unvernünftig optimistisch! Plötzlich wurde er wütend und sagte, als ob er soeben eine Entdeckung gemacht hätte:

»Aber dann kann hier ja jeder kommen und gehen, wie er will! Dein Bruder verhält sich völlig unverantwortlich! Er überwacht dich nicht. Du kannst hier sogar Männer empfangen!«

Ich war völlig erstarrt. Er hatte kein Mitleid mit mir, sondern verdächtigte mich insgeheim, der Prostitution nachzugehen! Das Zimmer war für ihn so etwas wie ein Bordell.

Am nächsten Tag nahm er mich ohne meine Sachen mit nach Ifigha.

Mein Bruder hütete sich, uns in unserem Dorf zu besuchen, denn er hatte in Algier für seinen »Mangel an Wachsamkeit« bereits eine gehörige Standpauke erhalten. Mein Vater war wütend auf mich – ich fragte mich vergebens, aus welchem Grund – und sprang nicht gerade zärtlich mit mir um. Trotzdem hatte der Aufenthalt in Ifigha sein Gutes: Nachdem mein Vater lange überlegt hatte, beschloß er, mich nach Paris mitzunehmen, da ich in Algier nicht richtig überwacht würde.

Ich war voller Ungeduld. Die vierzehn Tage, die wir im Dorf verbrachten, erschienen mir wie eine Ewigkeit. Solange ich nicht im Flugzeug saß, fühlte ich mich unsicher. Setsi Fatima mußte nicht lange fragen, wie es mir in Algier ergangen war. Ein Blick genügte. Und sie wußte auch, daß die Rückkehr nach Paris in väterliche »Obhut« kein Zuckerschlecken werden würde.

»Für dich ist es sicher besser«, sagte sie, als wir endlich abreisten. »Hier hast du keine Zukunft. Algerien ist ein Land der Schakale. Schau dich nur einmal an. Du bist entsetzlich mager geworden. Nur noch ein Strich. Siehst aus wie ein Strohhalm. Geh, meine Tochter, sei mutig. Gott möge dich beschützen.«

Ich verließ sie zum zweiten Mal und hatte Angst, diesmal sei es auch das letzte Mal.

Während des Fluges schwiegen wir. Mein Vater schaute zur einen und ich zur anderen Seite. Trotzdem fühlte ich mich sehr erleichtert, als ich in Orly wieder französischen Boden betrat.

Meine Mutter schien zufrieden zu sein, mich wiederzusehen, ohne überschwengliche Gefühle zu äußern. Als ihr Mann wieder zu arbeiten begonnen hatte, berichtete sie mir über den Stand ihrer Ehe: Mein Vater trank weiter und schlug sie nach Belieben. Meine Geschwister erzählten mir vom Mai 1968. Ich wußte von diesen Umwälzungen nichts. Meinen Mai 1968 hatte ich in einem Zimmer in Hussen Dey verlebt. Und ich wußte am Abend meiner Rückkehr nach Paris auch nicht, daß ich eine Gefängniswelt gegen eine andere vertauscht hatte. Natürlich war mir bewußt, daß es nicht leicht sein würde, aber ich hoffte doch, mein Leben von vor meiner Reise wieder aufnehmen, eine Arbeit suchen und weiter studieren zu können.

Doch am nächsten Morgen stellte mein Vater die Dinge klar:

»Sie bleibt zu Hause«, sagte er zu meiner Mutter. »Es kommt nicht in Frage, daß sie ausgeht. Niemals.«

Ich hatte nicht einmal das Recht, zum Bäcker zu gehen. Und wagte es nicht, das Verbot zu überschreiten. Mein Vater arbeitete immer noch nachts und war tagsüber zu Hause. Natürlich schlief er, aber er konnte jeden Moment aufwachen. So blieb ich vierundzwanzig Stunden am Tag in der dreizehnten Etage unseres Blocks in Courneuve wie in Algier als Gefangene eingesperrt. Nur die Aussicht aus dem Fenster hatte sich geändert. Die Tage und Monate vergingen. Ich half meiner Mutter und stopfte mich mit

Lektüre voll. Glücklicherweise hatte mein Vater nicht daran gedacht, mir die Bücher zu untersagen. Ich hatte nicht mehr den Mut zu singen und sprach kaum noch etwas. Ab und zu dachte ich an Olivier, meinen schönen Architekten, der mich sicher schon vergessen hatte.

Ich täuschte mich. Olivier setzte Himmel und Hölle in Bewegung, um mich zu finden. Eines Tages erfuhr er, daß ich wieder in Paris lebte. Mir ist immer noch schleierhaft, wie er das herausgefunden hatte. Er schrieb mir. Gott sei Dank fiel mir der Brief sofort in die Hände, so daß ich keinem väterlichen Verhör ausgesetzt wurde.

Ich sprach mit meiner Mutter und flehte sie an, mich aus dem Haus zu lassen; sollte mein Vater aufwachen, dann müßte ich eben die Konsequenzen tragen.

Monatelang trafen wir uns heimlich. Olivier hatte keine Sekunde vermutet, daß ich zunächst in Hussen Dey und dann in Paris lebte. Er war immer aufmerksam und unendlich geduldig und akzeptierte unsere flüchtigen Begegnungen in verschiedenen Cafés, häufiger noch in seinem Wagen, der nicht zu weit von unserem Wohnblock entfernt geparkt war, so daß ich immer schnell nach Hause rennen konnte. Er mußte auch meine Schamhaftigkeit in Kauf nehmen. Platonischer konnte keine Liebe sein. Ich war zu sehr von meiner Familie geprägt, als daß ich vor der Heirat mit einem Mann hätte »Umgang pflegen können«.

Olivier war nicht abgeneigt, mich zu heiraten, und mir erschien eine Heirat als der einzige Ausweg aus dem Gefängnis. Noch heute weiß ich nicht, ob wirklich die Liebe zu Olivier im Vordergrund stand oder strategische Überlegungen. Ich war jetzt seit mehr als eineinhalb Jahren eingesperrt, so daß es nicht verwunderlich war, daß ich auf die eine oder andere Art meinem Gefängnis entkommen wollte. Olivier zu heiraten war nicht nur eine sehr angenehme Art, sondern auch die einzige.

Ich sprach mit meiner Mutter darüber und fragte sie um Rat, was ich tun sollte.

»Er ist Franzose«, meinte sie nur.

»Sicher«, antwortete ich, »aber er ist mit Mohand befreundet, stammt aus einer einfachen, aber korrekten Familie und ist Architekt. Im übrigen hat Papa mir nie verboten, einen Franzosen zu heiraten.«

»Wir können es ja versuchen«, seufzte meine Mutter.

»Der junge Mann soll halt offiziell um deine Hand anhalten.«

Zu meiner großen Überraschung war mein Vater nahezu liebenswürdig.

»Hören Sie, junger Mann, ich habe nichts dagegen einzuwenden, wenn Sie meine Tochter heiraten wollen. Nur: Ich habe noch einen Bruder; wir haben es uns zur Gewohnheit gemacht, solche Entscheidungen gemeinsam zu treffen. Ich möchte Sie deswegen bitten, auch Djuras Onkel um Erlaubnis zu fragen.«

Olivier flog nach Algerien, denn der Bruder meines Vaters hatte die Heimat nie verlassen. Ihre Unterredung verlief günstig:

»Wissen Sie, unsere Gesellschaft entwickelt sich. Wenn Djura und mein Bruder nichts dagegen einzuwenden haben, dann will ich ebenfalls zustimmen.«

Noch am gleichen Tag schrieb Olivier einen Brief an meinen Vater. Meine Mutter und ich machten den Umschlag über Dampf auf, denn wir wollten unbedingt das Urteil als erste erfahren. Wir waren so erleichtert, daß wir sofort die übrigen Familienmitglieder informierten, bevor wir den Brief wieder verschlossen und Vater überreichten.

Er ging, um den Brief zu lesen, ins Schlafzimmer und gab nicht den geringsten Kommentar dazu ab. Kein einziges Wort! Er tat so, als habe er Oliviers Brief nie erhalten, zeigte sich aber mir gegenüber um so mißtrauischer und überwachte mich Tag und Nacht.

Da begriff ich, daß er Olivier und mich an der Nase herumgeführt hatte, daß er niemals mit einem Franzosen als Schwiegersohn einverstanden sein würde und daß ich für immer eingesperrt bleiben sollte. Ich beschloß zu fliehen.

Trotz der Gefahren, die eine Flucht mit sich brachte. Mein »entehrter« Vater würde sicher beschließen, mich zu beseitigen. Ich würde zwar bald volljährig sein, aber nur in den Augen des Gesetzes, nicht nach »unseren« Gesetzen. Ich war eine algerische Frau und daher für immer minderwertig. Aber ich war zu allem bereit, wenn ich nur nicht so weiterleben mußte wie bisher.

Ich sprach mit meiner Mutter über meine Absichten, in der Hoffnung, sie würde mich, wenn es soweit war, meinem Vater gegenüber verteidigen.

»Du weißt, daß ich nicht wegen eines Mannes fliehen will. Ich will mein Leben leben, das ist alles. Ich werde bei einer Freundin wohnen.«

Das stimmte. Eine ehemalige Mitschülerin der Schauspielschule, mit der ich heimlich hatte Kontakt aufnehmen können, war bereit, mich nachts mit dem Wagen abzuholen.

Meine Mutter, die mir in der letzten Zeit eher zur Seite gestanden hatte, änderte ihr Verhalten. Sie versuchte, mich an meinen Plänen zu hindern, und schlug mich sogar. Wahrscheinlich fürchtete sie sich vor der Reaktion ihres Mannes.

Damit hatte sie nicht unrecht. Als mein Vater am Morgen nach meiner Flucht nach Hause kam, holte er einen Revolver aus der Schublade und rannte wie ein Verrückter schreiend davon:

»Ich werde sie umbringen! Ich werde sie umbringen!«

Als er einsehen mußte, daß er mich nicht finden konnte, ließ er seine Wut an seiner Frau aus und beschuldigte sie, mich schlecht erzogen zu haben. Selbstverständlich schlug er sie.

Ich erfuhr die Details, als ich später meine Mutter und meine Schwester Fatima von Zeit zu Zeit in einem Café oder in einer Toreinfahrt heimlich traf. Ich hatte eine Stelle als Empfangshosteß gefunden und studierte gleichzeitig an der Universität von Vincennes in der Fakultät für Film. Ich wohnte in einer Dienstbotenkammer unterm Dach, zur großen Verwunderung von Olivier, der mich mehr als einmal fragte:

»Warum wohnst du eigentlich nicht bei uns? Meine Eltern mögen dich gern und sind jederzeit bereit, dich aufzunehmen.«

Er hatte in der Tat hinreißende Eltern, die bereit waren, mich in jeder Hinsicht zu adoptieren. Doch trotz meiner dauernden Revolte war ich zu sehr von den Prinzipien meiner Ahnen geprägt und wollte auf keinen Fall, daß man von mir behaupten konnte, ich sei »mit einem Mann durchgebrannt«. Ich wollte meinen Eltern unbedingt beweisen, daß ich eine »ehrbare« Frau geblieben war.

Diese Fixierung verdarb mir meine erste Liebesnacht mit meinem »Verlobten« gründlich. Ehre hin und her, ich konnte mich schließlich diesem jungen Mann nicht ewig verweigern. So war ich nach langem Zögern bereit, eine Nacht bei seinen Eltern mit ihm zu verbringen.

Ich hielt mich für emanzipiert, dabei lasteten bei dieser ersten intimen Begegnung alle nur denkbaren Tabus auf mir, denn ich war mir nur allzu deutlich bewußt, meine Jungfräulichkeit zu verlieren, ohne verheiratet zu sein.

Ich weiß natürlich, daß sich dies sehr anachronistisch anhört, aber so war es. Der symbolische Gehalt der Jungfräulichkeit verfolgt bei uns die Mädchen ab ihrer Geschlechtsreife. Am Morgen nach der Hochzeitsnacht wird das blutbefleckte Laken am Fenster ausgestellt und damit dem ganzen Dorf die Ehrbarkeit der frischgebackenen

Ehefrau bewiesen. Wer vor der Hochzeit sexuellen Kontakt hatte, macht sich schuldig und muß mit der Todesstrafe rechnen, auch wenn das Mädchen vergewaltigt wurde. Das hatte man mir in Ifigha oft genug gesagt.

Sicher gingen mir all diese Bräuche und Pflichten unbewußt durch den Kopf, aber ich glaube nicht, daß dies der entscheidende Punkt war. Ich würde meinem Vater nicht mehr beweisen können, daß ich kein leichtfertiges Mädchen war, daß er mir hätte vertrauen können – das war für mich wohl das entscheidende.

Olivier legte auf die bei uns so wichtige Jungfräulichkeit keinen gesteigerten Wert, für mich ein weiterer, sehr irritierender Punkt.

Doch trotz aller anfänglichen Schwierigkeiten entwickelte ich mich bald zu einer sinnlichen Frau. Nur Gewalttätigkeit hätte mich auf Dauer blockieren können. Es wäre für mich unvorstellbar, mich in den Armen eines Mannes, der meinem Vater oder meinem Bruder oder so vielen anderen ähnelte, wohl zu fühlen: Am Tag sind sie Folterknechte und in der Nacht fabrizieren sie Kinder. Olivier war freundlich, höflich, sehr verliebt und sehr sanft. Beinahe fünf Jahre lang hatte er mein Vertrauen.

Das ganze Jahr 1970 über hatte ich Angst, meinem Vater irgendwo zu begegnen. Ich glaubte, ihn überall zu entdecken, und drehte mich auf der Straße dauernd um. Beim geringsten Geräusch vor meiner Tür zuckte ich zusammen.

Spätabends traf ich meine Mutter immer häufiger. Ich händigte ihr den größten Teil meines Gehalts aus, so daß sie etwas Geld zur Seite legen konnte. Hatte meine Flucht sie auf bestimmte Gedanken gebracht? Sie sprach immer häufiger davon, mit zumindest einigen Kindern die Wohnung zu verlassen. Ich versprach ihr, für sie zu sorgen, wenn sie soweit war, denn ich wollte, daß jeder frei leben konnte.

»Paß auf dich auf«, sagte sie häufig. »Dein Vater sucht dich. Er ist bewaffnet.«

Dieser tägliche Terror wurde mir unerträglich. Ich wollte nicht bis ans Ende meiner Tage wie eine Gefangene auf der Flucht leben. Eines Morgens nahm ich meinen ganzen Mut zusammen und beschloß, alles auf eine Karte zu setzen, das heißt, mich mit meinem Erzeuger auseinanderzusetzen.

Ich fuhr zur Gare du Nord, von wo aus er jeden Morgen ganz früh den Zug nach Courneuve nahm. Dort angekommen, hatte ich solche Angst, daß ich beinahe wieder umgekehrt wäre. Aber ich konnte einfach nicht glauben, daß er mich in der Öffentlichkeit einfach so wie einen räudigen Hund abknallen würde. Ich stellte mich oben auf die Treppe, die zu den Gleisen führt, um sicher zu sein, ihn nicht zu verfehlen. Schon nach kurzer Zeit erkannte ich ihn von weitem. Er trug seine abgeschabte Aktentasche bei sich und schien düsteren Gedanken nachzuhängen. Mir lief es eiskalt über den Rücken; meine Hände waren feucht, und ich konnte kaum atmen.

Als er mich sah, schien er nicht einmal überrascht zu sein. Als ob er mich erwartet hätte. Kein Revolver, keine Ohrfeige. Ich hätte ihn beinahe umarmt, doch ich wagte es nicht.

»Bonjour, Papa.«

Er lächelte leicht und packte mich am Arm, als ob er mich zum Zug ziehen wollte.

»Komm nach Hause!«

Seine Stimme klang drohend. Er hatte nichts verstanden. Er meinte wohl, ich wolle ihn um Verzeihung bitten und mich dann wieder in Courneuve einsperren lassen. Ich richtete mich auf und nahm allen meinen Mut zusammen:

»Man hat mir gesagt, daß du mich töten willst?«

»Komm!« wiederholte er seine Aufforderung und versetzte mir einen leichten Stoß.

»Ich kann jetzt nicht mitkommen, denn ich habe in einer Stunde Vorlesung. Aber wir können in einem Café miteinander reden.«

Er war verblüfft. ›In einem Café‹, das doch den Mädchen verboten war, mit ihm, dem Vater? Dann akzeptierte er meine Einladung, immer noch überzeugt, ich hätte kapituliert.

Wir gingen in ein Café auf dem Boulevard Magenta. Ich fragte ihn, wie es meinen Brüdern und Schwestern ginge, meiner Mutter, der ganzen Familie.

»Es geht so ... Aber weißt du eigentlich, daß deine Mutter und deine Onkel mich drängen, dich zu bestrafen? Wenn du freiwillig mit nach Hause kommst, passiert dir nichts.«

Er war sich seiner Sache so sicher, daß ich stutzig wurde. Er sah in mir nur noch seine Beute.

In diesem Augenblick wußte ich, daß wir uns nie einig werden würden. Erstens log er. Meine Mutter und meine Onkel hatten ihn keineswegs aufgefordert, mich zu bestrafen. Und zweitens spürte ich, daß er seine Meinung nicht geändert hatte. Ich sollte nach Hause kommen und dort bleiben – für immer.

Jetzt log ich. Ich versprach ihm, am nächsten Tag nach Courneuve zu kommen. Ich stand auf, küßte ihn auf beide Wangen und sagte:

»Auf Wiedersehen, Papa.«

Ich sollte ihn erst siebzehn Jahre später wiedersehen. Auf seinem Totenbett.

Kurz darauf trennten sich meine Eltern. Das heißt, meine Mutter zog mitten in der Nacht aus und nahm fünf ihrer Kinder mit. Die Wohnung, die Olivier und ich für sie gefunden hatten, war für alle acht zu klein. So sollten die zwanzigjährige Fatima und der siebzehnjährige Belaid zunächst in Courneuve bleiben und erst später zu den anderen stoßen. Fatima kam mit ihrem Vater ganz gut zurecht, und Belaid war ein Junge. Da gab es sicher nicht so viele Probleme.

Olivier hatte einen Lieferwagen geliehen. Schnell waren die Kleider und die Schulbücher verstaut; dann fuhren wir los wie Diebe in der Nacht.

Meine Mutter hatte noch nie in ihrem Leben Geld verdient, außerdem mußte sie sich um die Kinder kümmern, die zwischen vier und dreizehn Jahre alt waren. Sie hätte natürlich stundenweise putzen gehen können, aber das wollte ich nicht. Ich wollte sie schonen und sie für die Leiden, die sie hatte auf sich nehmen müssen, entschädigen. Und so wurde ich zum Familienoberhaupt.

Ich arbeitete wie besessen, im Büro und zu Hause. Ich hatte mir vorgenommen, meine Geschwister bis zu deren Volljährigkeit aufzuziehen und mich zeitlebens um meine Mutter zu kümmern. Mir war nicht bewußt, welche Last ich da auf mich lud. Ich zahlte die Miete für die Wohnung, die wir auf Oliviers Namen gemietet hatten, denn eine Schar arabischer Kinder mit einer Mutter, die Analphabetin und arbeitslos war, hätte keinem Vermieter Vertrauen eingeflößt. Frühmorgens ging ich in die Hallen, um möglichst billig einzukaufen. Neue Kleidung gab es nur während des Ausverkaufs, und meine Mutter änderte immer mal wieder ein Stück, wenn es dem einen oder anderen nicht mehr paßte.

Ich mußte mich auch um die Schularbeiten der Kleinen und um ihre seelische Entwicklung kümmern. Meine Mutter, die glücklich war, dem Joch ihres Mannes entronnen zu sein, war nicht in der Lage, sich um die Schule zu kümmern und die notwendigen Behördengänge zu erledigen. So wurde ich für ihre Kinder eine zusätzliche Mutter und Ersatzvater.

Das war nicht einfach. Amar, einer meiner kleinen Brüder, machte mir Sorgen. In Courneuve hatte er bereits

Umgang mit Jugendbanden gehabt und die Schule nur unregelmäßig besucht. Sein Verhalten besserte sich nicht. Ich mußte ihn häufig vom Kommissariat abholen, wo er wegen Nichtigkeiten festgehalten worden war. Dann trieb er sich in der Stadt herum und wurde von der Schule gewiesen. Keine öffentliche Schule wollte ihn mehr aufnehmen. So mußte ich ihn in eine Privatschule schicken, was mir finanziell gesehen den Rest gab.

Malha, meine Schwester, lehnte sich ständig gegen unsere Mutter auf. Hakim, Djamel und selbst Djamila, die Kleinste, waren durch ihre Kindheit in den Straßen der Barackensiedlung Quatre Mille mit einem alkoholsüchtigen Vater und mit einer durch die Schläge abgestumpften Mutter gezeichnet.

Trotzdem gab ich die Hoffnung nicht auf, aus ihnen aufgeweckte Wesen mit einem soliden Beruf ihrer Wahl zu machen. Nichts schien mir unmöglich zu sein. Ich durfte nur nicht krank werden.

Gott sei Dank war ich kerngesund. Schwach war mein Herz nur, wenn es sich um Gefühle handelte. Ich liebte meine Geschwister, als ob ich sie selbst auf die Welt gebracht hätte, machte mir Sorgen, wenn jemand krank wurde, und opferte mich für sie auf. Seit meinem zwölften Lebensjahr hatte sich nichts geändert. Meine Mutter bestärkte mich noch in diesem Verhalten:

»Djura ersetzt mir zehn Männer«, sagte sie gerne.

Das reichte, um mich zu Höchstleistungen anzuspornen. Ich war mir sicher, endlich von der Frau geliebt zu werden, die mir ihre Milch verweigert hatte. Später wurde mir bewußt, daß das Bedürfnis nach Bequemlichkeit an dieser so schönen Liebe nicht ganz unschuldig war.

Nur auf Oliviers Liebe konnte ich wirklich bauen. Er bemühte sich, die Situation zu verstehen, gab mir moralischen Halt und akzeptierte meine Familie ohne Wenn und Aber. Und er unterschrieb die Mietverträge für die verschiedenen Wohnungen, ohne auch nur ein Wort darüber zu verlieren. Wir wußten, daß mein Vater uns die Flucht nie verzeihen würde und uns suchte. Meine Familie mütterlicherseits informierte uns jedesmal, wenn er unsere Spur aufgenommen hatte, und wir zogen bei Nacht und Nebel mit einem von Olivier gemieteten Lieferwagen um. Wir hatten nicht geheiratet, denn meine Mutter war dagegen. Hatte sie Angst vor dem, was die anderen sagen würden?

»Wenn du jetzt heiratest«, erklärte sie, »dann werden alle überzeugt sein, ich hätte dir die Erlaubnis gegeben, einen Franzosen zu heiraten, nachdem ich meinen Mann verlassen habe.«

Ein Franzose ... Sie spürte nicht, daß sie selbst bis in die Knochen rassistisch war und außerdem Olivier beleidigte, der mir häufig über finanzielle Schwierigkeiten hinweghalf, obwohl er als Angestellter in einem Architekturbüro ein eher bescheidenes Gehalt hatte.

Nach längerer Zeit stimmte sie wenigstens zu, daß wir zusammenlebten.

»Aber nur, wenn es nicht bekannt wird.«

Wir wohnten zunächst bei Oliviers Eltern und dann in einer kleinen Wohnung. Selbstverständlich kümmerte ich mich weiterhin um meine Mutter und die Kleinen.

Mein Bruder griff ein und versuchte, meine Eltern zu versöhnen und wieder zusammenzubringen. Ich hütete mich, ihn bei mir zu empfangen, und schärfte Gott und der Welt ein, ihm auf keinen Fall meine Adresse zu geben. Ich traf ihn bei Mama. Er nutzte die Gelegenheit, um mich windelweich zu schlagen.

Meine Eltern zogen tatsächlich wieder zusammen, doch kaum waren drei Monate vergangen, begannen die gleichen Gewalttätigkeiten von vorne. Neuer Umzug, neuer Hilferuf. Ich kümmerte mich wieder um die Wohnung und um meine Geschwister. Diesmal ließ meine Mutter sich scheiden. Mein Vater war arbeitslos geworden und trank mehr denn je. Er war praktisch dauernd betrunken. Obwohl er immer noch Drohungen ausstieß und uns verwünschte, suchte er uns nicht wirklich. Er war in seinem Suff gleichgültig geworden.

Abends besuchte ich mit Olivier die Universität von Vincennes, meine einzigen wirklich schönen Stunden Neben seiner Arbeit als Architekt interessierte sich Olivier wie ich für den Film. Vincennes erlebte damals revolutionäre Stunden. Ich kämpfte mit meinen Kommilitonen gegen den Rassismus, für soziale Gerechtigkeit und für eine Verbesserung der Lebensbedingungen der Frauen. Ich gehörte keiner Partei an, aber ich kämpfte für Recht und Freiheit auf jede nur mögliche Weise.

Wir hatten ausgezeichnete Professoren wie Gilles Deleuze und Jean-François Lyotard, die unser Denken stark beeinflußten. Auch auf dem Gebiet des Films bewegte sich viel. Olivier und ich belegten die gleichen Kurse, was unsere Beziehung verstärkte.

Wir arbeiteten an einem ersten Projekt: einer Fotodokumentation über die Rolle der Farbe in der algerischen Architektur. Wir wollten belegen, daß diese als primitiv abgestempelte Architektur bedeutende zeitgenössische Künstler wie Le Corbusier beeinflußt hatte. Um den Plan realisieren zu können, mußten wir in Algerien Aufnahmen machen, die wir in Paris dann zu einem Kurzfilm verarbeiten wollten. Wir beschlossen, unsere Ferien dafür zu opfern.

Gefährliche Ferien, denn mein älterer Bruder lebte immer noch in Algier. Konnten wir unsere Arbeit durchführen, ohne daß er Wind davon bekam?

Olivier meinte, es sei besser, das Problem direkt anzugehen. Da sein Urlaub einen Monat vor meinen Ferien anfing, wollte er vorausfahren und versuchen, mit meinem Bruder zu einem Arrangement zu kommen. Mohand arbeitete inzwischen als Fotograf. Er bereitete ein Buch über die Innenarchitektur der kabylischen Häuser vor. Vielleicht erleichterte das den Aufbau einer neuen Beziehung. Olivier packte sein Material in unseren alten Peugeot 404 und fuhr los.

Sofort nach seiner Ankunft besuchte er Mohand, der ihn mit offenen Armen empfing und erstaunt war, daß ich ihn nicht begleitete.

Olivier schrieb mir noch am gleichen Tag, um mich zu beruhigen. Mohand betrachte unsere Beziehung inzwischen offensichtlich als »offiziell«. Viel Zeit sei verstrichen; er sei nicht mehr böse auf mich. Er hatte Olivier sogar in der Wohnung in Hussen Dey untergebracht, die für mich so schlimme Erinnerungen barg, aber inzwischen in ein Fotolabor verwandelt worden war.

Ich traute kaum meinen Augen. Ich sollte einen mir freundlich gesinnten Bruder und meine Freundin Martine wiederfinden? Olivier und ich würden unsere erste Reportage in aller Ruhe durchführen und in Algerien, das ich noch so liebte wie früher, neue Erfahrungen sammeln können?

Mein Bruder und Olivier holten mich am Flughafen ab. Ich suchte als erstes den Blickkontakt zu Mohand. Er lächelte mich warmherzig an, so daß ich alle Bedenken über Bord warf.

Wir umarmten uns. Mohand lud uns zum Abendessen in seine Wohnung ein, wo Martine und mein Onkel mütterlicherseits, der in Algier wohnte und den ich sehr gern mochte, auf uns warteten. Mein Onkel wollte spät am Abend seine Schwester am Flughafen abholen. Da sie nicht mehr am gleichen Abend weiterreisen konnte, sollte sie bei meinem Bruder übernachten, während wir in dem Zimmer in Hussen Dey schlafen wollten, wo Olivier sich bereits häuslich eingerichtet hatte.

»Kannst du meinen Onkel zum Flughafen bringen?« fragte Mohand Olivier nach dem Essen. »Und unterwegs Djura und mich in Hussen Dey absetzen; ich werde ihr das Labor zeigen. Du holst uns dann ab und bringst uns nach Hause. Einverstanden?«

Es war wunderschön, an diesem Sommerabend durch Algier zu fahren. Da wir viel Zeit hatten, zeigte uns mein Bruder verschiedene Häuser, die er in sein Buch aufnehmen wollte, erklärte uns die typisch kabylische Architektur und fragte uns nach unserem eigenen Projekt aus. Ich war glücklich und entspannt.

Als Mohand und ich in Hussen Dey ausstiegen und Olivier mit meinem Onkel davonfuhr, verkrampfte ich mich plötzlich. Lag es an der Erinnerung an die schlimme Zeit, die ich in dem Zimmer verbracht hatte? Hatte ich unbewußt noch Angst vor meinem Bruder? Ich versuchte, mich zu beruhigen, denn offensichtlich fürchtete ich mich ohne Grund. Nichts zu machen. Während wir die Treppen hochstiegen, bekam ich immer größere Angst und wäre beinahe davongerannt.

Zu spät ... Mohand hatte die Tür des Zimmers hinter sich abgeschlossen; er zog ein Messer aus seiner Tasche und erklärte kalt:

»Jetzt wirst du sterben.«

Ohne daß ich etwas hätte erwidern können, warf er mich aufs Bett und schlug mich wie ein Wahnsinniger. Ich hatte Angst, er könnte mir das Nasenbein zertrümmern. Meine weiße Bluse und mein blauer Rock waren schon bald blutüberströmt. Mit meinem Schal wischte ich mir mein Gesicht ab, der weiße Stoff war blutrot gefärbt. Ich stotterte:

»Aber ... du selbst hast Olivier diese Wohnung angeboten. Du wußtest doch Bescheid. Du hast sogar gesagt, daß ...«

Die Schläge brachten mich zum Schweigen. Mohand

setzte sich neben mich aufs Bett, spielte mit dem Messer und genoß meine Angst.

»Du liebst diesen Mann? Seinetwegen wirst du sterben!«

Völlig verrückt, aber meine ersten Gedanken galten meiner Mutter. Was würde aus ihr werden, ohne Geld und entehrt, da ihr Sohn ihre Tochter umgebracht hatte?

Dann wurde mir das Ausmaß meiner Naivität bewußt. Es war völlig sinnlos, wie ein Stier zu schuften und meine Familie zu lieben, eines konnte ich einfach nicht aus dem Weg räumen: meinen Vater und meinen Bruder, die mich haßten. Was wollten sie eigentlich von mir? Das Unmögliche. Ich sollte einen Algerier heiraten. Ich sollte arbeiten und das ganze Geld abliefern, damit ich auf keine dummen Gedanken käme. Ich sollte keine eigenen Entscheidungen treffen und vor allem nicht über meinen Körper verfügen.

Mohand zog mit wilden Gesten die Fotos aus der Tasche, die Olivier von mir gemacht hatte und auf denen ich ein weitausgeschnittenes Kleid trug:

»Auch deswegen wirst du sterben!«

Er hatte die Sachen meines Freundes durchwühlt. Mohand hatte alles geplant und vorbereitet. Ich war ihm wieder in die Falle gegangen. Zu meiner Entschuldigung muß ich einräumen, daß er sich als Schauspieler selbst übertroffen hatte! Freudestrahlend war ich in Algier eingetroffen, jetzt heulte ich, allerdings nicht aus Zorn und nicht einmal aufgrund der Schmerzen. Ich weinte, weil ich völlig verzweifelt war, ausgelaugt und erniedrigt. Ich versuchte nicht einmal, mit meinem Bruder zu reden, hörte seine Beleidigungen an, ohne sie eigentlich wahrzunehmen, aber ich schaute ihn nicht an, denn ich wollte nicht wissen, wann und wo er mit seinem Messer zustoßen würde. Er weidete sich an meiner panischen Angst, an meiner Selbstaufgabe, an meinem Zusammenbruch.

Dann versuchte ich doch noch, mich zu rechtfertigen, illusionslos, nur um Zeit zu gewinnen, bis die anderen kämen.

Doch niemand kam. Später erfuhr ich, daß meine Tante ihr Flugzeug verpaßt hatte und mein Onkel und Olivier noch das nächste Flugzeug abwarteten. Wieder kam meine Tante nicht mit. Sie telephonierten mit Paris und erfuhren, daß sie erst am nächsten Tag fliegen wollte. Während dieser Zeit verging ich vor Angst.

Plötzlich hörte ich Schritte im Gang. Ich sprang hoch und wollte zur Tür. Mohand hielt mich zurück und sagte lächerlicherweise:

»Kein Wort von dieser Geschichte.«

Es war wirklich nicht notwendig, etwas zu sagen: Ein Blick genügte, um zu verstehen, was vorgefallen war. Mein Onkel war nicht wirklich überrascht. Ein Bruder, der seine Schwester verprügelt, so daß sie heftig blutet, ist in diesen Breitengraden nichts Außergewöhnliches. Olivier selbst hatte es die Sprache verschlagen. Er sagte mir später, er habe nicht gewagt, etwas zu unternehmen, und auf ein Zeichen von mir gewartet. Doch mein Bruder ließ uns keine Zeit:

»Fahren wir«, meinte er unschuldig lächelnd.

Er zog mich am Arm und bat Olivier höflich, unseren Onkel und ihn selbst nach Hause zu bringen.

Das Schweigen lastete während der Fahrt schwer auf uns. Olivier fuhr. Mein Onkel saß neben ihm, Mohand und ich auf dem Rücksitz. Wir setzten zunächst den Onkel ab, der sofort in seinem Haus verschwand, und hielten dann vor Mohands Haus. Wir hofften, er würde aussteigen und uns in Ruhe lassen.

»Du steigst aus und gehst nach Hause!«

Genau wie mein Vater nur wenige Monate zuvor: nach Hause gehen. Mit denselben Aussichten wie damals: in vier Wände eingesperrt, Unmündigkeit, ewiges Schweigen, Isolation, ständige Angst.

Ohne zu überlegen fing ich an zu schreien:

»Nein, ich steige nicht aus!«

Mohand zog wieder sein Messer und schlitzte mir die Unterlippe auf. Ich öffnete die Tür, um zu fliehen. Mein Bruder rannte mir nach und versuchte, mich zu packen. Olivier wollte eingreifen.

»Du hältst dich da raus!« schrie mein Bruder. »Du hast meine Schwester entjungfert, diese Sau, diese Hure!«

Unbeschreiblich, welche Worte er uns an den Kopf warf. Olivier tat, was er konnte, aber er war kein Karateka, und die Szene spielte sich nicht in einem Film ab. Ich verteidigte mich wie eine Wilde:

»Nein, ich gehe nicht zu dir. Ich werde die Polizei alarmieren!«

Als ob die Polizei in einem Land, in dem ein rebellierendes Mädchen automatisch schuldig ist, mir hätte helfen können!

Der von dem Lärm aufgescheuchte Hausmeister kam angerannt.

»Meine Schwester«, sagte Mohand einfach.

Das reichte. Ohne nach dem Grund unserer Auseinandersetzung zu fragen oder sich um das Blut auf meinen Kleidern und in meinem Gesicht zu kümmern, packte er mich an der Schulter und schrie:

»Sofort ins Haus!«

Die Männer in diesem Land kennen anscheinend nur das eine Wort! Ich kämpfte gegen den Hausmeister, der versuchte, mich daran zu hindern, in Oliviers Wagen zu steigen. Plötzlich bedeutete mein Bruder ihm, er solle mich loslassen. Hatte meine Drohung, die Polizei zu alarmieren, doch noch gewirkt?

»Laß sie los«, meinte Mohand. »Ich werde sie finden, wann ich will.«

Dann, zu mir:

»Hast du verstanden? Wo immer du bist, wohin du gehst, selbst in Amerika, selbst in zehn Jahren oder noch später werde ich dich finden und dich töten.«

Mit kreischenden Reifen fuhr Olivier los.

Erst nach einigen Kilometern hielt Olivier an und nahm mich in die Arme. Während der Fahrt hatten wir nicht ein einziges Wort miteinander gesprochen.

»Es ist schlimm für dich, daß du mich kennengelernt hast, nicht wahr?« fragte er unendlich traurig.

Ich schüttelte weinend den Kopf.

»Nein. Es ist schwierig, das ist alles.«

Wir fuhren direkt zur Wohnung mit dem Fotolabor, um Oliviers Sachen, vor allem die Kameras, zu holen. Ich wusch mir das Gesicht, verband meine Unterlippe, die immer noch blutete, und zog mich um. Meine Augen waren geschwollen, meine Lippe gespalten und meine Nase breitgeschlagen wie die eines Boxers. Ich war entstellt.

Wir packten alle unsere Sachen, Fotoapparate, Kamera, Papiere und Kleider, in ein großes Laken und flüchteten noch in der Nacht. Beinahe hätte ich hinzugefügt: »wie üblich«.

Wir fuhren lange, ohne ein Wort zu sagen, bis Olivier das Schweigen unterbrach. Er fragte mich:

»Sollen wir nach Frankreich zurückkehren?«

Stotternd sagte ich ja. Olivier hielt an. Wir waren beide erschöpft. Am Straßenrand schliefen wir einige Stunden.

Ich wachte auf, wie man aus einem Alptraum hochfährt. Nur daß es sich nicht um einen Alptraum handelte. Die Beweise waren handgreiflich: das Laken mit unseren Sachen und ich selbst mit Schwellungen und Blutergüssen am ganzen Körper, entstellt bis zur Unkenntlichkeit. Warum nur war das Schicksal immer wieder gegen mich? Ich hatte doch alle Trümpfe in der Hand: Jugend, Gesundheit, Schönheit, Mut, Enthusiasmus und Zähigkeit. Ich wollte nichts anderes als in Algerien reisen, die Landschaft genießen, meine Fotos machen und mein erstes künstlerisches Werk zu Ehren Algeriens realisieren. Sollte das wirklich unmöglich sein?

Nein. Trotz der entsetzlichen Vorkommnisse wollte ich auf meinen Plan nicht verzichten. Der Widder in mir ließ sich nicht unterkriegen. Wir hatten geschuftet wie verrückt, um das Geld für die Reise und die Erlaubnis zum Fotografieren und Filmen zu bekommen, und sollten jetzt alles aufgeben, nur weil eine einzige Person – mein Bruder – sich unseren Plänen widersetzte?

»Wir fahren nicht nach Frankreich zurück«, erklärte ich meinem Begleiter, »wir werden nicht als Gescheiterte nach Hause kommen, ohne ein Bild auf den Filmen. Wir machen weiter.«

Olivier mußte lachen. Dann nahm er mich zärtlich in den Arm und setzte unseren treuen alten Peugeot wieder in Gang.

Ich entdeckte zum erstenmal meine Heimat in ihrer ganzen Schönheit: vom Golf von Bejaia über Bougie, Collo, die Calle bis in den Süden, Bou Saada, Biskra, die sieben Städte von Mzab, die Wüste, El Oued und Togghourt, das war unsere Reiseroute.

Wir arbeiteten so schnell wie möglich, da wir davon ausgingen, daß mein Bruder uns suchte. Wir vermieden natürlich meine engere Heimat, und ich mußte darauf verzichten, Setsi Fatima zu besuchen, denn in Ifigha mußten wir einfach auffallen. Dafür sahen wir andere schöne Dinge, hinreißende Landschaften und architektonische Glanzleistungen. Wir schliefen im Freien, was im August sehr angenehm ist, wenn man es nicht gerade mit Dieben zu tun hat, von denen wir gänzlich verschont wurden.

In den Dörfern wurden wir freundlich aufgenommen, auch wenn die Leute manchmal irritiert waren, mich in Begleitung eines Ausländers anzutreffen. Eines Tages fragte mich ein freundlicher Mann:
»Sag mal, bist du seine Dame?«

Wir hatten unsere Kameras umhängen, so daß wir wie »Reporter« wirkten, erzählten von unserer Arbeit und vermieden auf diese Weise indiskrete Fragen. Die Landbevölkerung ließ sich nicht sehr gerne fotografieren, aber da wir nur an der Architektur interessiert waren, ließ man uns in Ruhe. Innerhalb von kurzer Zeit hatten wir eine stattliche Anzahl von alten Häusern, Auslagen von Geschäften, Brunnen und Moscheen aufgenommen, von denen eine schöner war als die andere. Wir aßen, wie es uns gerade in den Sinn kam, hier einen Kuchen, dort einen Teller Gries. Ich habe immer noch den Geschmack der Honigkrapfen im Mund, die wir in der Kasbah von Constanine kosteten. Und von dem in Krepp eingewickelten Eis in Collo, einer der schönsten Städte Algeriens, in deren Nähe das Gebirge steil ins Meer abfällt.

In El Oued konnten wir das Land der tausend Kuppeln bewundern, die skulpturenartig direkt aus der Erde zu kommen schienen. Zu unseren Füßen breitete sich die Wüste aus.

Die Wüste ... unendlich sich hinziehende Kilometer, eine Mischung aus Endzeitstimmung und Ewigkeit. Ein Spiegel meiner damaligen Stimmungen? Ich konnte mich noch so sehr für das Land begeistern – das Gefühl, etwas sei endgültig zerbrochen, der Punkt, an dem es keine Rückkehr mehr gab, sei überschritten worden, lastete schwer auf mir. Zwischen Mohand und mir konnte es keine Verständigung mehr geben. Aus welchem Grund hatte er mir das alles angetan? Ich mußte an meinen Vater denken, der von meinem Leben ebenfalls endgültig ausgeschlossen war, ohne daß ich dies gewollt hätte. Dabei hatte ich wirklich alles unternommen, um mich mit den beiden auszusöhnen und zu verständigen, ohne daß es mir gelungen wäre, ihr Herz auch nur eine Sekunde lang zu rühren. Besaßen die beiden überhaupt so etwas wie ein Gefühl? Wußten sie überhaupt, was väterliche oder brüderliche Liebe eigentlich bedeutet?

Die unendliche Wüste flog an uns vorbei, monoton, quälend und doch großartig, Respekt und heitere Ausgeglichenheit ausstrahlend. Ich sagte mir, daß die Lösung aller meiner Probleme vielleicht in der Schönheit der Dinge verborgen lag, in der Hartnäckigkeit, mit der ich meinen Weg verfolgte. Ich mußte mich zwischen zwei Möglichkeiten entscheiden: auf der einen Seite Haß, Eifersucht, Niedertracht, überlieferte Traditionen, auf der anderen Seite Offenheit den anderen gegenüber, Großzügigkeit, Frieden. Die Wahl fiel mir nicht schwer. Ich schaute Olivier zärtlich an. Er schien glücklich zu sein und sehr müde.

Wir arbeiteten fieberhaft und gönnten uns nur wenig Schlaf. Trotz der beeindruckenden Schönheit, der wir täglich begegneten, und unserem Engagement bei unserer Arbeit wich der Druck keine Sekunde von uns. Wir hatten Angst, verfolgt zu werden. Und sagten uns, daß wir erst in Paris der Gefahr entronnen sein würden, so schön Algerien auch war. Zumindest der unmittelbaren Gefahr. Ich konnte erst aufatmen, wenn das Mittelmeer uns von Mohand trennte. Dabei versuchte ich, seine Drohung zu vergessen.

Völlig erschöpft kamen wir in Paris an. Ich befand mich in einem erbärmlichen Zustand. Meine Lippe war nach und nach vernarbt, doch ich hatte mit schweren Allergien zu kämpfen, die wohl von der seelischen Erschütterung ausgelöst worden waren. Ich hatte überall Pickel, und es juckte mich unerträglich. Wir riefen einen Arzt, der uns beide gründlich untersuchte und dann verkündete:

»Sie haben die Krätze! Keine Sorge, in zwei Tagen ist alles vorüber!«

Ich schaute zu Boden und fing an zu lachen, wie ich lange nicht mehr gelacht hatte. »Jetzt müssen wir den Film schneiden«, meinte Olivier freundlich wie immer.

Von der Krätze, nicht aber von der Angst geheilt, machte ich mich an die Arbeit. Während der kommenden Jahre sollte mich die Angst keinen Augenblick verlassen. Sie wurde zu einem Bestandteil meiner selbst. Mohands Worte blieben in mein Gedächtnis eingegraben: »Wo immer du bist, wohin du gehst, selbst in Amerika, selbst in zehn Jahren oder noch später werde ich dich finden und dich töten.« Vor ihm hatte ich mehr Angst als vor meinem Vater, obwohl uns weit mehr als tausend Kilometer voneinander trennten, während mein Vater in Paris lebte.

Bei jedem Schritt auf der Straße meinte ich, ihn zu erkennen. Unglaublich, die Zahl der Männer, die ich für meinen Bruder hielt! Merkwürdigerweise nährte meine Mutter diese Angst beständig. Jedesmal, wenn sie ihren Urlaub in Algerien verbracht hatte, warnte sie mich nach ihrer Rückkehr vor ihrem Sohn. Dort unten war ich zu einem Tabu geworden. Mohand erlaubte nicht, daß man in seiner Gegenwart von mir sprach. Er dagegen gönnte sich das Vergnügen, seine Drohung zu wiederholen, er würde mich eines Tages mit seinem Messer abstechen wie eine Sau. Das Schlimmste für mich war, daß ich nicht zu Setsi Fatimas Begräbnis fahren konnte. Während unseres Arbeits-Aufenthaltes hatte ich Ifigha bereits vermeiden müssen, doch jetzt war ich bereit, die Gefahr auf mich zu nehmen, nur um meine Großmutter ein letztes Mal zu sehen. Doch alle Familienmitglieder, mit denen ich Kontakt hatte, beschworen mich, von meinem Vorhaben abzusehen. Unter keinen Umständen würde mein Bruder mich unbestraft mein Heimatdorf betreten lassen. Ich konnte die Frau, die mir das meiste Glück in meinem Leben bereitet hatte, nicht einmal auf ihrem letzten Weg begleiten. Doch ihre Seele wird immer bei mir bleiben.

Glücklicherweise verhinderten meine vielfältigen Pariser Beschäftigungen, daß ich aus lauter Angst neurotisch wurde. Ich lebte mit meiner Angst, aber ich lebte – mit voller Kraft. Olivier und ich hatten unseren Kurzfilm, *Algérie Couleurs,* abgeschlossen. Er war sogar für das Mannheimer Filmfestival ausgewählt worden. Wir gingen sofort ein zweites Projekt an, *Ciné-Cité,* einen ziemlich phantasievollen und trickreichen Dokumentarfilm über die Stadt Paris, »durchgesehen und verbessert« dank der filmischen Möglichkeiten. Drei Jahre später begannen wir mit den Dreharbeiten zu einem längeren Dokumentarfilm über die Lebensbedingungen der immigrierten Arbeiter in Frankreich, *Ali au Pays des Merveilles,* Ali im Wunderland. Die Vorbereitungen waren langwierig. Zahlreiche Interviews, Besichtigungen von Drehorten und schwierige Verhandlungen mit den Maghrebinern, die auf französischem Boden lebten, waren notwendig, damit wir möglichst realistisch und wahrheitsgetreu drehen konnten.

Mit *Algérie Couleurs* und *Ciné-Cité* hatten wir kaum Geld verdient, so daß ich weiterhin im Büro arbeiten mußte, auch wenn das Gehalt nicht gerade begeisternd war und die Tage sich unendlich lang hinzogen. Doch abends hatte ich einen Ausgleich: die Kurse und Vorlesungen an der Universität von Vincennes, wo ich meine Abschlußprüfung vorbereitete.

Das Klima an der Universität und meine Anfänge als Regisseurin halfen mir über meine schwerste Bürde hinweg: die Sorge um meine Mutter und meine Geschwister. Die Kleinen waren immer schwerer zu zähmen. Sobald ich auch nur eine Minute übrig hatte – vorlesungsfreie Vormittage und Abende, die Wochenenden – fuhr ich zu ihnen, hielt Standpauken und versuchte, sie von allem möglichen Unsinn abzuhalten. Ich forderte sie auf, Sport zu treiben, und schrieb einige an den lokalen Konservatorien ein, um sie von all den schlechten Einflüssen fernzuhalten, die in den Außenbezirken, wo sich all unsere Wohnungen immer befanden, an allen Ecken lauerten. Vor allem Djamel machte mir Sorgen, da er von allem, was sich am Rande der Gesellschaft bewegte, magisch angezogen wurde.

1974 wurde der Familie endlich eine etwas bequemere Sozialwohnung in Epinay-sur-Seine zugewiesen. Meine Mutter war nicht zufrieden. Sie träumte von einem Haus. Ich versprach ihr, eines zu kaufen oder zu mieten, sobald ich genügend Geld verdienen würde. Sie schmollte.

Sie wurde immer mürrischer und depressiver. Ich begleitete sie zu vielen Ärzten, doch die Ergebnisse waren immer gleich. Alle ihre Krankheiten waren rein psychosomatischer Natur.

Dabei hätte es ihr ab 1974 eigentlich besser gehen müssen. Sie war offiziell geschieden und mein Vater war nach Algerien zurückgekehrt, hatte dort ein zweites Mal geheiratet und weitere Kinder in die Welt gesetzt, er kümmerte sich nicht mehr um uns. Meine Mutter hatte von ihm nichts mehr zu befürchten, und auch ich war eine Angst los, zumindest jene, die ihn betraf.

Da mein Vater nie Unterhalt zahlte, mußte ich weiterhin für die Familie sorgen, denn das Kindergeld reichte vorne und hinten nicht. Mein mageres Gehalt wurde davon aufgezehrt ... und meine Energie. Ich befand mich ständig am Rande meiner Kräfte, nahm Vitamine, um durchzuhalten, und Beruhigungsmittel, um schlafen zu können. Ich war unruhig, stand ständig unter Druck und sah Olivier, von unserer gemeinsamen Filmarbeit einmal abgesehen, kaum noch. Der Wunsch, alles auf mich nehmen zu wollen, und die absolute Priorität, die ich meiner Familie einräumte, waren wohl mitschuldig am Auseinanderbrechen unserer Beziehung. Ende 1974 beschlossen wir, uns zu trennen, unsere Arbeit an *Ali au Pays des Merveilles* wollten wir aber noch zusammen fertigstellen.

Ich zog zu meiner Mutter. Obwohl ich die Miete bezahlte, hatte ich niemals das Gefühl, es sei meine Wohnung, in der ich mich zu Hause fühlte. Doch war diese Lösung die billgste; außerdem konnte ich meine Rolle als »große Schwester« auf diese Weise am besten erfüllen.

Mit meiner Schwester Fatima teilte ich ein Zimmer. Ich liebte sie sehr, spürte, daß sie zerbrechlich war, und war traurig, denn sie hatte keine Lust zum Studieren.

Als ich sie mit einem jungen algerischen Journalisten bekannt machte, war sie begeistert. Sie heirateten; Fatima wurde von allen beglückwünscht. Mama sparte nicht an Lobreden über ihren neuen Schwiegersohn. Daß er ein junger, anständiger Mann war, war weit weniger wichtig, als daß er Algerier und zudem noch Kabyle war. Meine Mutter hatte eine ihrer Töchter endlich der Tradition gemäß mit einem Araber, was sage ich, mit einem Berber verheiratet. Sie hatte ihre Pflicht erfüllt. Wenn sie in Ifigha gefragt wurde: »Was macht Djura, die Älteste? Warum ist sie nicht verheiratet?«, antwortete sie: »Djura? Sie zieht ihre Geschwister groß.« Sie hoffte, daß man so über mein Dasein als Junggesellin hinwegsähe.

Amar heiratete eine Französin, ohne daß jemand etwas dagegen eingewendet hätte. Bei uns war die Tradition anscheinend nur dann wichtig, wenn es sich um Töchter handelte. Man bat mich sogar, für die Zeremonie den großen Saal eines Restaurants in Enghien zu mieten. Schließlich handelte es sich um die Ehre meines Bruders vor der Familie seiner Braut. Im Grunde war ich froh, daß es keine Rassen-Probleme mehr gab, denn ich wollte wirklich nicht, daß meine Geschwister unter den gleichen Schwierigkeiten zu leiden hätten wie ich.

Belaid zog kurz darauf mit einer älteren Frau, ebenfalls

Französin, die bereits ein Kind hatte und die ihm noch mehrere gebar, nach Südwestfrankreich.

Meine Mutter hätte eigentlich glücklich sein müssen, daß ihre Kinder sich nach und nach selbständig machten, aber sie wurde nur noch depressiver. Dabei blieben immer noch vier Jugendliche in Epinay, für die ich aufzukommen hatte. Die Jungverheirateten dachten an ihre eigenen Familien; Hilfe durfte ich von ihnen nicht erwarten. Ich, die ich in den Augen meines Vaters und meines Bruders die »ehernen Gesetze verletzt hatte«, war die einzige, die die Tradition hochhielt und die Familie unterstützte. Mich verbitterte das Verhalten meiner Geschwister nicht, denn für mich war das, was ich tat, ganz normal. Ich war dankbar, daß ich hatte studieren können und heute den Beruf ausübte, den ich mochte. Mit meinem ehemaligen Lebensgefährten hatte ich inzwischen in aller Freundschaft den Film fertiggestellt.

1978: Befand sich Ali im Wunderland oder Djura? Ich fühlte mich wie im siebten Himmel. Algerien hatte mich eingeladen, unseren Film im Rahmen der panafrikanischen Festspiele vorzustellen, die alle Länder Afrikas umfaßten. Ich sollte die Diskussion leiten, die nach der Vorführung in der algerischen Cinémathèque stattfinden sollte. Ich war stolz, Nachfolgerin von Godard, Robbe-Grillet und Fassbinder zu sein, die vor mir in Algier ihre Filme gezeigt hatten. Die algerische Cinémathèque, die für ihr höchst kritisches Publikum so bekannt war! Algerien lud mich offiziell ein; dabei war ich immer davon ausgegangen, daß ich völlig unbekannt war.

Leider war diese Freude nicht ungetrübt. Zunächst ging darüber die Freundschaft mit Olivier zu Bruch. Olivier, Ko-Autor des Filmes, war tief getroffen, daß man ihn nicht ebenfalls eingeladen hatte. Ich versuchte vergebens, ihm zu erklären, diese Festspiele beträfen afrikanische Regisseure, und nur aus diesem Grund habe man nur an mich gedacht. Er nahm die Angelegenheit persönlich, und unsere Beziehung litt darunter.

Zum zweiten stieg die alte Angst wieder in mir hoch. Algerien, Mohand, die Drohung, mich zu töten. Sollte diese Angst mich wirklich mein ganzes Leben verfolgen? Ich nahm das Risiko auf mich und fuhr nach Algier. Aber ich schämte mich gleichzeitig. Als Setsi Fatima gestorben war, hatte ich diesen Mut nicht bewiesen. Ich bat sie in meinen Gebeten um Verzeihung. Diesmal führte mich meine Reise nach Algier und nicht nach Ifigha, mein geheiligter Geburtsort, wo meine Anwesenheit für meinen Bruder noch unerträglicher gewesen wäre.

Während der Vorführung von *Ali au Pays des Merveilles* musterte ich ohne Unterlaß die Besucher im dunklen Saal. Normalerweise tun dies Regisseure, um sich ein Bild über die Reaktionen des Publikums machen zu können, während ich versuchte, Mohand ausfindig zu machen.

Ein algerischer Freund und Vertrauter, ein Filmkritiker, saß neben mir und versuchte, mich zu beruhigen. Doch gab es überhaupt etwas, was mich beruhigen konnte? Wer konnte mich vor Mohand schützen? Meine Freunde von der Cinémathèque waren über die Gefahr, in der ich schwebte, nicht informiert, so wenig wie die Besucher.

Plötzlich entdeckte ich im Hintergrund eine Silhouette, die mich an Mohand erinnerte. Ich begann zu zittern. Die verrücktesten Ideen schossen mir durch den Kopf. Ich dachte daran, kurz vor Schluß der Vorführung einfach zu verschwinden. Aber was würden die Organisatoren von einer Regisseurin halten, die ging, bevor die Diskussion über ihren Film stattfand?

Und wenn ich selbst den Skandal auslöste? Ich könnte auf die Bühne springen, erklären, ich sei die Regisseurin des Filmes, und mein Bruder, der sich im Saal befände, wolle mich wegen der Ideen, die ich verteidigte, und wegen meines Berufes töten. Ich könnte die Intellektuellen im Saal um Hilfe angehen und erklären, früher oder später müßten sie sich mit den Lebensbedingungen der Frau in ihrem Land auseinandersetzen, die mir im Augenblick wichtiger erschienen als *Ali au Pays des Merveilles* und die Probleme der Emigration. Anschließend würde ich auf meinen Bruder deuten. Mal sehen, was er dann antworten oder unternehmen würde.

Schließlich drohte ich den Rest meines Verstandes zu verlieren, und kam wieder auf meine erste, spontane Reaktion zurück: Fliehen! Ich drängte mich zum Mittelgang durch und lief zum Ausgang. Ein algerischer Regisseur, den ich gut kannte, saß am Rand und bemerkte mich. Er wunderte sich über mein Verhalten. Er richtete seine beeindruckende Gestalt hoch auf und sagte laut, das R rollend:

»Du hast nichts zu befürrrchten!«

Er packte mich freundschaftlich am Arm und zog mich zur Leinwand. Der Film war gerade zu Ende; die Lichter gingen an, und mein »Leibwächter« stellte mich dem Publikum vor.

Beifall brandete auf. Ich schaute mich mit hocherhobenem Kopf im Saal um und hatte wieder Mut gefaßt. War Mohand verschwunden? Oder hatte ich mich getäuscht? Ich war auf alle Fälle sehr erleichtert, als ich meinen Bruder nicht entdeckte. Endlich begann die Diskussion.

Gleich zu Beginn stand ein alter Mann mit Turban auf. Ich erkannte Momo, einen der wichtigsten Mitarbeiter der Cinémathèque, dessen Kritiken sehr gefürchtet waren. Eine merkwürdige Persönlichkeit; Momo wurde trotz seines ausgefallenen Wesens von allen respektiert. Er war Dichter und las auf Bühnen aus seinen Werken, die er in einem Strohkorb zusammen mit Orangen transportierte. Alle Regisseure zitterten vor ihm, denn er gab in der Regel als erster sein Urteil ab, das nicht immer sehr sanft ausfiel. Momo sagte, was er zu sagen hatte, und verschwand. Das Schicksal des Filmes hing zum Großteil von seinen wenigen Sätzen ab, denn das Publikum folgte ihm meistens. Jeder kann sich den Zustand vorstellen, in dem ich mich befand, als er das Wort ergriff.

»Der Film von Schwester Djura«, sagte er, »ist eine großartige Beschreibung der Emigration. Das symbolische Schlußbild, das diejenigen zeigt, die Austern essen, diejenigen, die sie öffnen, und diejenigen, die die Abfälle in die Mülltonnen werfen, ist ausgesprochen geglückt. Ich mag diesen Film.«

Er drehte sich auf seinem Absatz um und verschwand. Ich hätte ihn am liebsten umarmt! Er hatte für mich den roten Teppich des Erfolgs ausgerollt.

Die Diskussion verlief dann sehr angeregt und drohte sogar einen Moment zu entgleisen, als sich die Befürworter und die traditionellen Filmgegner in die Haare kamen.

Zahlreiche Freunde begleiteten mich anschließend bis zu meinem Hotel. In der Halle schaute ich mich kurz um und überlegte, ob ich mich meinen Begleitern anvertrauen sollte, die mich in ihre Mitte genommen hatten, um sich zu verabschieden. Doch ich wollte nicht aufdringlich erscheinen. Nur mein Freund, der Kritiker, war eingeweiht. Er sagte mir häufig: »Warum suchst du eigentlich nach Stoffen? Das beste Drehbuch, das ich kenne, ist dein Leben. Diesen Film müßtest du drehen.«

Doch damals hatte ich nicht die geringste Lust, mein Leben aufzuschreiben oder zu verfilmen. Es mußte erst noch Schlimmeres passieren, bevor ich mich gedrängt fühlte, meine Vergangenheit aufzuarbeiten.

Merkwürdigerweise sollte mein erster großer Film, *Ali au Pays des Merveilles,* über meine Karriere entscheiden – über meine Karriere als Sängerin. Und über mein Leben als Frau.

Nachdem ich mit Olivier, von dem ich seit einiger Zeit getrennt lebte, den Schnitt fertiggestellt hatte, stellte sich das Problem, eine Musik zu finden, die unsere Bilder harmonisch untermalen konnte. Das war noch vor meiner Reise nach Algier, als die Arbeit noch nicht abgeschlossen war. Ich dachte an Djamel Allam, den kabylischen Sänger, der mir bereitwillig erlaubte, seine Tonbänder zu benutzen und mir die Adresse seines Managers gab, Hervé Lacroix, bei dem ich die Bänder abholen sollte.

Ich telephonierte mit diesem Herrn, der mich aufforderte, noch am gleichen Abend gegen neunzehn Uhr bei ihm die Bänder abzuholen; er wohnte auf der Ile Saint-Louis.

Ausgerechnet an diesem Tag versäumte ich in Epinay den Zug, so daß ich mit einer Stunde Verspätung auf der Insel eintraf. Auch wenn das merkwürdig anmuten mag: ich betrat zum ersten Mal diesen magischen Ort. Unmöglich, von Epinay aus jeden Tag bis nach Vincennes zu fahren, die arabischen Schlafstädte vor Paris nach möglichen Drehplätzen abzuklappern und gleichzeitig die Wunder der französischen Hauptstadt zu bestaunen.

Ich hatte den Eindruck, mich in einer anderen Welt zu bewegen. Es war bereits dunkel, und die Gaslaternen verliehen den Straßen einen provinziellen, dabei festlichen Anstrich. Und es fand auch wirklich eine Art Fest statt: eine sehr wichtige Vernissage, die ein elegantes und intelligentes, dabei buntgemischtes Publikum anlockte. Alle Galerien auf der Insel waren hell beleuchtet, und ich hatte größte Lust, mich unter die Schaulustigen zu mischen. Doch das kam nicht in Frage; schlimm genug, daß ich bei unbekannten Leuten ausgerechnet zur Essenszeit aufkreuzte.

Endlich befand ich mich im Hof des Hauses Nr. 55 in der Rue Saint-Louis, wo Hervé Lacroix im Erdgeschoß wohnte. Ich läutete: niemand öffnete. Die Fensterläden waren geschlossen. Als ich näher hinschaute, entdeckte ich, daß im Innern noch Licht war. Eigentlich hätte es sich gehört, daß ich kehrtmachte, doch meine Anreise war zu lang, als daß ich nicht noch einen zweiten Versuch gewagt hätte. Ich klopfte, so stark ich konnte, gegen die Tür.

Ein hochgewachsener, gutaussehender junger Mann öffnete, der so braungebrannt war, daß man unwillkürlich den Eindruck erhielt, er sei gerade aus dem Urlaub zurückgekehrt. Ich war ein wenig überrascht. Ich hatte mir einen ungefähr fünfzigjährigen, etwas väterlichen, imposanten Manager vorgestellt und stand jetzt einem lässigen jungen Mann meines Alters gegenüber, der weiße Jeans trug und lächelte. Er bat mich herein.

Kaum war ich in seiner Wohnung, als die ganze Insel durch einen Stromausfall in tiefer Dunkelheit versank; nur das Haus, in dem der ehemalige Präsident Pompidou wohnte und das nur wenige Schritte entfernt war, hatte eine Notbeleuchtung.

»Großartig; sie schaffen es sogar, Sicherungen durchbrennen zu lassen!« lachte mein Gastgeber. »Warten Sie, ich hole eine Kerze.«

Ich war weder an den Pariser Humor noch an den Umgang mit Männern gewohnt, auch wenn ich mit Olivier zusammengelebt hatte. Wir waren im Dunklen allein, und ich fühlte mich unbehaglich. Sobald die Lichter wieder angingen, sagte ich sehr bestimmt und fast unhöflich: »Gut, jetzt geben Sie mir bitte die Bänder, dann gehe ich.« Hervé gab keinen Kommentar ab, sondern schlug vor: »Wollen wir nicht etwas trinken gehen, irgendwo auf der Insel?« Irgendwo auf der Insel? Ich stimmte sofort zu. Hervé führte mich in das Café an der Ecke. Er erklärte mir, er habe es vorgezogen, sich einzuschließen, als ich nicht gekommen war. Er kannte viele Leute auf der Insel, haßte aber das mondäne Leben. Er war sich sicher, daß bei dem vielen Trubel an diesem Abend viele seiner Bekannten ihn bedrängt hätten, sich ihnen anzuschließen, hätten sie gewußt, daß er zu Hause wäre. Wir unterhielten uns und fühlten uns zueinander hingezogen, doch war es keine oberflächliche Verführung, sondern ein tiefes Einverständnis, das niemals Lügen gestraft wurde. Als wir uns trennten, meinten wir, wir müßten uns unbedingt wiedersehen. Unsere freundschaftliche Beziehung wurde schon bald sehr viel mehr.

Hervé repräsentierte alles, was mich anzog. Er war ein Künstler auf seinem Gebiet und entdeckte wirkliche Talente. Als Manager ging es ihm nicht um Prozente und alle möglichen Vorteile, sondern um die Künstler, für die er wirkliche Verantwortung übernahm. Wenn er an jemand glaubte, dann setzte er sich hundertprozentig für ihn ein. Geld war ihm so unwichtig wie mir. Alles, was er verdiente, investierte er sofort wieder in seine Arbeit. Als Zwanzigjähriger war er im Théâtre du Ranelagh vom Virus des Theaters angesteckt worden. Hier hatte er die Anfänge der Karrieren von Rufus und Higelin miterlebt, mit amerikanischen Gruppen wie *Temptation* Umgang gehabt und Diana Ross bewundert.

Ich war fasziniert von seiner fundierten Allgemeinbildung. Er interessierte sich für vieles und liebte Algerien leidenschaftlich. Die beiden Männer, mit denen ich zusammengelebt habe, haben meine Heimat wirklich geliebt: Olivier als Architekt und Regisseur, Hervé eher aus historischen und kulturellen Gründen, die sicher tiefer gingen als die Oliviers.

Unsere erste gemeinsame Reise ließ uns manche Gemeinsamkeiten entdecken. Hervé war Bretone. Man kann wirklich nicht behaupten, daß die Vergangenheit dieser Provinz von den Invasionen der Sarazener geprägt worden war, und trotzdem erlebte ich eine Überraschung, als er mich zum ersten Mal in seine Heimat mitnahm. Wir fuhren zunächst in seinen Geburtsort, Saint-Quay-Portrieux, einen Badeort an der Nordküste. Da ich diese Gegend Frankreichs nie besucht hatte, erwartete ich von der Bretagne nur eines: Artischockenpflanzungen.

Ich hielt emsig Ausschau, sah nichts, bis ich plötzlich fündig wurde: »Dort, schau, dort!« »Was meinst du eigentlich?« fragte Hervé. »Endlich Artischocken. Wir sind doch im Land der Artischocken, nicht wahr?« »Es gibt hier viel interessantere Dinge zu sehen«, antwortete er lachend.

Zunächst einmal das Meer. Das Meer der Bretagne, wild, entfesselt, wechselhaft, spektakulär. Dann das Haus seiner Großmutter, die ihn teilweise aufgezogen hatte, ein gemeinsamer Punkt, was unsere Kindheit betraf. Diesem Haus genau gegenüber zeichnete sich wie eine Fata Morgana ein orientalisches Schloß mit einem Minarett, Arabesken über den Portalen und reich verzierten Fenstern gegen den Himmel ab.

»Ein recht eigenwilliger Mann hat es zu Beginn des Jahrhunderts für eine Comtesse bauen lassen, in die er rasend verliebt gewesen war«, erklärte Hervé. Übrigens, die Insel dort heißt noch heute im Volksmund die Insel der Comtesse. Und bei dem Schloß handelt es sich um das Schloß von Calan. Ich erstarrte vor lauter Rührung. Daß sich ausgerechnet gegenüber von dem Haus, in dem Hervé einen Teil seiner Kindheit verbracht hatte, ein Schloß aus meiner Heimat befand, war für mich ein Omen.

Wir erfuhren, daß das Schloß zum Verkauf stand. Leider hatten wir wirklich nicht das Geld, obwohl es »fast nichts« kostete, wie der Immobilienhändler behauptete. Ich schwor mir, alles daranzusetzen, daß wir es eines Tages kaufen konnten.

Als wir uns einige Jahre später nach dem Schloß erkundigten, war es an einen Hotelier verkauft worden. Auf dem Grundstück hatte man moderne Gebäude mit großen Fensterfronten errichtet, doch das Schloß selbst hatte man nicht umgebaut. Der neue Besitzer war so liebenswürdig, mir den großen Saal zu zeigen. Die Kacheln hätten jeden arabischen König vor Neid erblassen lassen, genau wie der dazu passende offene Kamin mit dem Goldmosaik.

Doch zurück zu unserem Ausflug: Indem Hervé mir seine Wurzeln zeigte, ließ er mich auch die meinen wiederfinden.

Eine vielleicht etwas naive Überlegung jung Verliebter, doch später, als ich mit Alan Stivell eine Schallplatte aufnahm und mit Gilles Servat zusammen sang – zwei waschechten Bretonen –, fiel mir – und da war ich wirklich objektiv – auf, daß es viele Gemeinsamkeiten zwischen der Musik der Bretonen und der der Berber gab. Besonders was die Herbheit der Töne, die Resonanz der Instrumente und die beinahe aufdringliche Hartnäckigkeit betrifft, mit der die Hauptmelodie immer und immer wiederholt wird.

Bei unserem ersten Ausflug in die Bretagne sagte ich mir, bis über die Ohren verliebt, es sei nicht weiter erstaunlich, daß dieser blonde Bretone mit den blauen Augen eine Berberin mit schwarzen Augen kennengelernt hatte, um zu Füßen eines Minaretts auf keltischem Boden mit Blick auf die Insel der Comtesse zu picknicken.

Doch von diesen Gemeinsamkeiten einmal abgesehen, gab es bei Hervé einen Charakterzug, der mich von Anfang an faszinierte: seine Großzügigkeit. Er verlieh alles: seine Gitarre, seine Wohnung, seine Kleider. Und er verstand ohne lange Erklärung, warum ich mich für meine Familie aufopferte. Er fand es großartig, daß ich so viel Verantwortung auf mich lud, und war wohl auch stolz darauf. Olivier hatte die Situation mit viel Geduld, Verständnis und Freundlichkeit ertragen, während Hervé schon bald aktiv tätig wurde. Er besuchte meine Mutter, sprach mit meinen Geschwistern und fühlte sich »in der Familie« wohl. Er mochte sie und überlegte sich, wie wir ihr am besten gemeinsam helfen konnten.

Diese Großzügigkeit sollte mit zu der Katastrophe beitragen, die uns heimsuchte. Doch das konnten wir 1976 noch nicht wissen.

Schon kurz nach unserer ersten Begegnung meinte Hervé, ich müsse singen. Er hatte die Gedichte gelesen, die ich in Hussen Dey geschrieben hatte; ich war ein fröhlicher, spontaner Mensch und sang sehr gern. Er war sich sicher, daß ich eine Bühne ausfüllen konnte.

Zu Beginn nahm ich das nicht sehr ernst, und ich räume ein, daß mich seine Vorschläge eigentlich nicht besonders reizten. Zeigten sich hier noch einmal meine Prägungen durch die väterlich-brüderliche Erziehung? Die Idee, Sängerin zu werden, verband sich mit keinem meiner Ideale; höchstens noch Opernsängerin, doch dazu hatte ich nicht die geeignete Stimme.

Hervé wies mich darauf hin, daß Brassens, Montand und Billie Holiday in ihrem Gebiet ebenfalls große Künstler waren. Und Taos Amrouche? Oder Oum Kalsoum?

Nur, als Regisseurin hatte ich erfolgreich begonnen. Sollte ich das jetzt einfach aufgeben? Ich wollte einen Film über die Lebensbedingungen der Frauen in meiner Heimat drehen. Ein breites Programm ... und unglaublich viele Schwierigkeiten, die zu überwinden waren. Wo sollte ich das notwendige Geld hernehmen? Und wer sollte sich den Film anschauen? Sicher nicht die Algerierinnen, obwohl diese von dem Thema direkt betroffen waren. Aber sie würde man zu Hause einsperren, falls der Film in Algerien überhaupt gezeigt würde. Er hatte betrüblicherweise die besten Aussichten, verboten zu werden. Und in Frankreich? In Studiokinos würde er sicher gezeigt werden und damit diejenigen erreichen, die von der Botschaft sowieso überzeugt waren, aber nicht das große Publikum.

Ich hatte trotz dieser negativen Überlegungen mein Projekt noch nicht aufgegeben, doch Hervé bewies mir, daß das Chanson angesichts der oben aufgezeigten Schwierigkeiten das richtige Medium war, um das auszudrücken, was ich zu sagen hatte, und zwar so, daß die Botschaft schnell und mühelos verstanden werden konnte.

Ich war überzeugt und bereit zu singen. Als ich Hervé zum erstenmal besuchte, hatte ich gehofft, für *Ali au Pays des Merveilles* eine Musik, eine Stimme zu finden. Jetzt hatte ich meine gefunden.

Der Weg war mir vorgezeichnet. Mit erstaunlich ermutigender Logik griff ein Glied der Kette ins andere. Ich war eine junge, von der Kultur der Berber faszinierte Algerierin, die sich auch um den Platz der Frau in der modernen Gesellschaft Gedanken machte. Ich hatte – wie meine algerischen Geschlechtsgenossinnen – unter den sozialen, politischen und familiären Zwängen gelitten, die trotz des angeblichen Fortschritts weiterhin bestanden, und hatte mir schon immer gewünscht, etwas verändern zu können, selbst als ich mit größter Behutsamkeit bei den Frauen von Tala-Gala das zarte Pflänzchen weiblicher Solidarität einzupflanzen versuchte.

Jetzt konnte ich in größerem Maßstab arbeiten! Ich wollte alle algerischen, maghrebinischen, afrikanischen und arabischen Frauen anderer Länder und selbst die europäischen, die zum Teil ja ebenfalls noch unter ihren Männern litten, aufrütteln. Wie Kahina wollte ich, allerdings nur mit meinen Liedern, eine Armee aufstellen, die den kulturellen Reichtum unserer Heimatländer bewahrte, aber gegen die Allmacht eines überalterten Patriarchats rebellierte.

Soweit die Theorie. Nur: Wir lebten nicht mehr zur Zeit König Tabats, und ich war allein. Ich wollte aber nicht als einsame engagierte Chanteuse abgestempelt werden. Ich wünschte mir eine Gruppe. Eine kleine Gruppe für den Anfang, aber immerhin eine Gruppe. Ich wollte keine Star-Nummern abziehen, sondern eine gemeinsame Botschaft verbreiten.

»Die Gruppe wird *Djurdjura* heißen«, sagte ich eines Tages zu Hervé.

»Das klingt gut«, meinte er.

Für mich klangen in diesem Wort zahlreiche Erinnerungen an meine Kindheit mit, aber auch der Lärm der ersten Kämpfe um die algerische Unabhängigkeit, Kämpfe, an denen die Frauen mutig und mit großem Einsatz teilgenommen hatten. Denken wir nur an Djamila Boupacha und Djamila Bouhired, an unsere Mütter und Großmütter, die mit drohend erhobenen Fäusten durch die Straßen liefen, »Vive l'Algérie!« riefen und dabei ihre Youyou-Schreie ausstießen. Was war eigentlich aus diesen »Revolutionärinnen« geworden?

Die Heldinnen hatte man vergessen und die anderen nach Hause geschickt, ohne daß sich ihr Leben geändert hätte. Den Frauen, die die Französische Revolution vorangetrieben hatten, war es fast genauso gegangen, nur daß ihre Abhängigkeit von ihren Männern weitaus geringer gewesen war als unsere.

Inzwischen hatten sich in Westeuropa die Unruhen von 1968 ereignet, die zumindest etwas Positives hatten: Die Frauenbewegung geriet in einen nicht mehr zu bremsenden Aufwind. Ich hatte das Glück, in einem europäischen Land aufgewachsen zu sein, befand mich im Schnittpunkt zweier Kulturen, die beide meine Lieder beeinflußten. Ich konnte, ohne meine Vergangenheit oder meine Herkunft zu verleugnen, von einer besseren Zukunft singen.

Dafür reichte es allerdings nicht aus, eine »folkloristische Gruppe« auf die Bühne zu stellen. Ich mußte neue Lieder schreiben, die von den alten beeinflußt wurden, aber klare, zeitgemäße Aussagen hatten.

Begeistert machte ich mich an die Arbeit, ohne deswegen meine anderen Aktivitäten zu vernachlässigen, mit deren Hilfe ich meine Familie ernähren konnte.

Jetzt kam mir mein mehrmonatiger Aufenthalt in Ifigha und Tala-Gala zugute, denn damals hatte ich meine Kenntnisse in meiner Muttersprache bedeutend aufgefrischt. Für mich verstand es sich von selbst, daß ich zumindest bei der Mehrzahl meiner Lieder die kabylische Sprache benutzte.

Wie dankbar war ich meinen alten Cousinen aus Tala-Gala, die mir die alten Refrains und Lieder so lange vorgesungen hatten, bis ich sie auswendig konnte. Diese eher zufälligen Kenntnisse ergänzte ich durch ein gezieltes Studium in der Bibliothèque nationale, in der ich zahlreiche Berber-Gedichte fand, die von Hanoteau und Letourneux während der Kolonialzeit aufgeschrieben worden waren. Fröhliche Lieder, aber auch Kriegsgesänge und traurige oder ironische Balladen und auch wahre Aufschreie der Frauen gegen ihre Lebensbedingungen: *Danke, meine Mutter, daß ihr mich gezwungen habt, eine Eule zu heiraten* ... Manche dieser Frauentexte kannte ich. Allerdings waren sie nicht hinausgeschrien, sondern während der Hausarbeiten, während die Frauen unter sich waren, gemurmelt worden.

Die Devise der Gruppe *Djurdjura* war gefunden: »Wir singen ganz laut, was die anderen ganz leise summen.« Jeder Mann würde in diesen gesungenen und fordernden Gedichten seine Mutter, seine Frau, seine Tochter und deren Schicksal erkennen können.

Ich wollte aber nicht nur die Revolte predigen. Ich wollte, daß meine Lieder auch zum Lachen und Hoffen anregten und den traditionellen Charme unseres schönen Landes ausdrückten. So vermengte ich, so gut ich konnte, den Reichtum unseres Erbes mit den Möglichkeiten der universellen Musik. Der Rhythmus unserer Lieder und deren Melodieführung waren mir angeboren. Meine Mutter war sprachlos, wie sehr sie die von mir komponierten Tänze und Lieder an ihre Jugend erinnerten.

Daß sie deswegen einverstanden gewesen wäre, daß ich auf der Bühne auftrete, kann man wirklich nicht behaupten. Bei jeder Gelegenheit wiederholte sie die gleiche Litanei:

»Was werden die Leute aus Ifigha dazu sagen, wenn sie das erfahren! Ich werde mich niemals mehr im Dorf zeigen können!«

Ich erinnerte sie an ihre Zwangshochzeit, an die selbstverständlich bestraften Fluchtversuche, an ihr Elend, ihre ewigen Schwangerschaften und die Schläge, die sie erhalten hatte. Sie räumte ein, daß sie, hätte sie mein Alter, wohl auch die erbärmlichen Bedingungen, unter denen viele von uns lebten, anprangern würde. Ich sagte ihr, daß ich in meinen Liedern auch von ihrem Elend spräche.

Ich versuchte sie zu beruhigen, indem ich hinzufügte, es dauere wirklich eine Ewigkeit, bis unser Ruf bis in die kabylischen Berge gedrungen sei. Wenn es schiefginge, würde niemand im Dorf davon erfahren; und wenn sich Erfolg einstellen sollte, dann war sie vor Spott geschützt. Denn wer verspottet schon die Mutter einer erfolgreichen Tochter?

Ich hatte immer noch keine Partnerinnen für meine Gruppe gefunden. Plötzlich kam ich auf die Idee, meine Schwester Fatima zu engagieren, die zunächst eher spielerisch mitmachte, bevor sie wirklich arbeitete, denn sie sprach nur schlecht unsere Sprache. Zunächst mußte ich ihr die Aussprache und die Bedeutung der Texte beibringen.

Dann erhielt ich von Mama die Erlaubnis, deren jüngere Schwester, die kaum älter war als ich, ebenfalls zu engagieren. Meine Tante war verheiratet gewesen, doch ihr Mann hatte sie schon eine Woche nach der Eheschließung verstoßen. Sie hatte jahrelang in ihrem Dorf gelebt, bis sie unter dem Vorwand, ihre Zähne richten zu lassen, nach Frankreich fuhr. Bei uns braucht eine unverheiratete Frau immer einen Vorwand, wenn sie reisen will.

Tante J. war für drei Monate nach Paris gekommen und lebte jetzt bereits seit fünf Jahren hier. Sie war eine außergewöhnliche Frau, die sich an alle Situationen anpassen konnte. Die Idee, Mitglied der Gruppe zu werden, gefiel ihr ausgezeichnet. Sie sprach natürlich unsere Muttersprache fließend und improvisierte zu den unterschiedlichsten Rhythmen, als ob sie Gast bei einer Dorfhochzeit wäre. Sie war sicher die Authentischste von uns und brachte mir, der kleinen Pariserin, viel bei. Wir traten in der traditionellen Gandura mit der dazugehörenden Fouta auf, dieser rotgoldenen Schürze, die zum Emblem meines Kampfes werden sollte.

Hervé half mir, die richtigen Musiker zu finden. Ich brauchte die typischen Schlagzeuge, Derboukas und Bendirs, aber auch ein Klavier, eine Flöte, ein europäisches Schlagzeug, eine Baß- und eine elektrische Gitarre. Mindestens fünf oder sechs Musiker, die nicht leicht aufzutreiben waren.

Hervé suchte nach Bühnen für unsere Auftritte und bemühte sich unablässig, *Djurdjura* so schnell wie möglich bekannt zu machen. Eines Abends erklärte er mir ohne Umschweife, er habe einen Vertrag für einen Auftritt am 15. Mai 1977 in Tombe in der Nähe von Montereau unterschrieben. Ich brach in Panik aus, denn ich hatte kaum zwei Monate Zeit, um die Aufführung vorzubereiten, die fünfundvierzig Minuten dauern sollte.

Das erwartete große Lampenfieber blieb aus. Es handelte sich um ein großes Fest im Freien, das mich an die Feste erinnerte, die ich als Kleinkind in Ifigha erlebt hatte, was sicher zu meiner Ruhe beitrug. Alles war bereit: die Instrumente, die Musiker, die Sängerinnen, ihre Kostüme und ihre »Texte für Frauen«.

Ich vergaß die aufgeregten Warnungen meiner Mutter, die mir noch am Vorabend gesagt hatte:

»Paßt auf! Bei solchen Festen gibt es immer viele Immigranten. Man kann nie wissen, ob die euch akzeptieren. Ich meine die Männer. Ihr riskiert, daß man euch von der Bühne schickt und Flaschen über die Schädel haut ...«

Es stimmt schon, 1977 waren es die algerischen Familienväter nicht gewohnt, Anklagen, das Leben ihrer Töchter, Schwestern und Frauen betreffend, zu hören. Aber wollten wir nicht gerade dies ändern?

Wir bekamen keine Flaschen über den Kopf, sondern erlebten einen Triumph, von seiten der Maghrebiner wie der Franzosen, die *Djurdjura* als Überraschung mit bitterem Beigeschmack feierten. Angesichts des Erfolgs vergaß ich die schlaflosen Nächte vor dem Auftritt. Ich spürte, wie ich in diesem für mich neuen Medium aufging. Eine befreundete Psychiaterin meinte: »Man hat den Eindruck, als ob du dein Lebtag nichts anderes gemacht hättest. Dabei ist das gar nicht überraschend: Nachdem, was du mir erzählt hast, hat deine Großmutter dich bereits am Tag deiner Geburt in Szene gesetzt.« Ich dachte gerührt an Setsi Fatima.

Hervé ließ mich nicht lange auf meinen Lorbeeren ausruhen. Er schloß weitere Verträge ab und war der Ansicht, das Orchester müsse verbessert werden. Ernsthafte maghrebinische Musiker waren Mangelware. Außerdem waren es ausschließlich Männer, die von meinen »subversiven« Texten nicht immer begeistert waren. Dreiviertel dieser Musiker waren zudem reine Amateure, die regelmäßig zu spät zu den Proben kamen und manchmal sogar einen Auftritt vergaßen! So konnte es nicht weitergehen.

Glücklicherweise kümmerte sich Hervé im gleichen Jahr im Auftrag des Kultusministeriums um zahlreiche algerische Künstler. So hatte er Gelegenheit, den Dirigenten Boudjemia Merzak kennenzulernen, der für den algerischen Rundfunk arbeitete und sich kurz darauf in Paris niederließ.

Hervé hatte sich mit ihm angefreundet. Wir sprachen mit ihm über unsere Probleme. Merzak kannte fast alle in Frankreich lebenden maghrebinischen Musiker und die Probleme, die eine Zusammenarbeit mit ihnen mit sich brachte. Er empfahl uns, nicht ausschließlich Nordafrikaner zu engagieren, sondern sich auch nach Musikern anderer Nationalitäten umzusehen, die allerdings echte Berufsmusiker sein mußten und die er so ausbilden wollte, daß sie unseren Stil beherrschten.

Wir befolgten seinen Rat. Rabah Khalfa, der beste Schlagzeuger des Maghreb, war der einzige Algerier, der Mitglied unseres Orchesters blieb. Bei den anderen handelte und handelt es sich immer noch um Franzosen, Bretonen – darauf legen sie Wert – und Amerikaner, die sich für uns interessierten und die inzwischen alle talentierte, gewissenhafte, hinreißende Spezialisten der Musik der Berber geworden sind.

Als das neue Team zusammengestellt war, organisierte Hervé, der das Abenteuer liebte, mit der Gruppe *Djurdjura* und dem kabylischen Sänger Idir am 23. Januar 1978 einen Abend im Olympia. Kein einziger maghrebinischer Künstler hatte es bisher gewagt, sich auf dieser berühmten Bühne zu produzieren, und das Immigrantenpublikum hatte bisher kaum Gelegenheit gehabt, diesen Saal zu betreten. Die Maghrebiner applaudierten ihren Sängern in den für sie reservierten Sälen der Kulturzentren.

Ich hatte panische Angst, obwohl auch ich das Risiko liebe, aber ich fand, das Olympia kam viel zu früh. Hervé beruhigte mich und meinte, alles wäre bereit.

Alles, nur nicht das Unvorhersehbare: In den Augen meiner Mutter war die gute Nachricht eine Katastrophe, und sie verbot ihrer Schwester strikt und förmlich, auf dieser ihrem Geschmack nach zu bekannten Bühne aufzutreten. Sie hielt sich für den guten Ruf ihrer Schwester für verantwortlich. Meine bisherigen Auftritte waren, so meinte sie, nicht weiter beachtet worden, doch sie wußte, daß sich dies in der berühmtesten Pariser Music-Hall ändern würde.

»Onkel, Tanten, Vettern, alle, die in Paris wohnen, werden kommen und sie erkennen«, erklärte sie mir. »Ihre Mutter und ihre Brüder in der Heimat werden davon erfahren und uns eine solche Schande niemals verzeihen, weder ihr noch mir.«

Alles fing von vorne an ... Meine Tante war über dreißig Jahre alt, stand aber immer noch unter der Fuchtel ihrer älteren Schwester. Ich versuchte alles mögliche, schlug sogar vor, sie solle maskiert singen, so daß sie niemand erkennen könne, es nützte alles nichts: Von einem Tag auf den anderen mußte ich mich für immer von ihr trennen.

Ich mußte meine »Sternschnuppe«, so nenne ich sie heute noch, innerhalb kürzester Frist ersetzen. Ich nahm mit verschiedenen algerischen Mädchen Kontakt auf, doch die Eltern schlugen meine Angebote aus. Dann bat ich meine Mutter, meiner Schwester Malha die Erlaubnis zu geben, uns auszuhelfen. Malha war damals zwanzig Jahre alt und in Frankreich auf die Welt gekommen. Sie verstand Kabylisch, sprach es allerdings nicht. Ich mußte ihr alles beibringen, die Texte, die Musik und auch die Art, sich zu kleiden. Ihr war ihr Äußeres völlig gleichgültig, und sie trug den ganzen Tag nichts anderes als ein T-Shirt, Jeans und Turnschuhe. Es war mehr als mühsam, sie zu überreden, sich zu schminken, einen langen Rock, die Fouta und Schmuck zu tragen. Außerdem ging sie noch aufs Gymnasium und hatte kaum Zeit für die Proben.

Doch am 23. Januar ging sie brav von der Schule direkt ins Olympia.

Hervé kam in die Garderobe und teilte mir mit, an den Kassen stauten sich die Menschen. Ich zuckte nur mit den Schultern.

»Die stehen ganz bestimmt nicht für uns an, sondern für Charles Aznavour, der nächste Woche hier auftritt.«

»An dem Tag, an dem der Saal hier voll ist, wenn du singst, wirst du mich nicht mehr brauchen«, meinte er leise.

Ich wußte, daß ich ihn immer brauchen würde, als Lebensgefährten und als Copilot meiner beruflichen Laufbahn.

In einem hatte er allerdings recht gehabt: Nach und nach füllte das Publikum, das vor der Kasse angestanden hatte, Franzosen und Immigranten, das Theater. Ich lief hinter dem Vorhang auf und ab und hatte vor lauter Lampenfieber Bauchschmerzen. Bisher waren wir meistens im Freien aufgetreten, bei Festen, deren Atmosphäre mich an meine Kindheit erinnerte und die ich mochte. Fehler gingen in der allgemeinen Euphorie und manchmal auch ganz einfach im Lärm unter. Hier im Olympia dagegen hörte man eine Mücke fliegen. Der geringste Fehler mußte auffallen. Wir würden grell beleuchtet, unter die Lupe genommen und dann beurteilt werden. Und wenn wir durchfielen? Wenn man Tomaten auf die Bühne warf? Wenn …

»Ihr Auftritt!«

Die Scheinwerfer empfingen uns auf der rechten Bühnenseite und geleiteten uns bis zur Mitte. Plötzlich erklang donnernder Applaus. Ich konnte den Ablauf des Abends nur schlecht beurteilen, aber ich fühlte mich wie elektrisiert, stolz und mutig, wie von einer Sonne umstrahlt. Die

Musiker waren da und strahlten Sicherheit aus. Meinen Schwestern, die sich rechts und links von mir befanden, hatte ich vor der Vorstellung gesagt: »Habt keine Angst. Was immer auch geschehen mag, folgt meinen Anweisungen.« Ab und zu warf ich ihnen komplizenhafte Blicke zu. Wir befanden uns in einem totalen Zusammenklang, und der Abend im Olympia war ein voller Erfolg.

Djurdjura war »lanciert«, wie meine Freunde sagten, ohne daß mich der Begriff sonderlich beeindruckte. Er bedeutete für mich nur, daß wir keine Amateure mehr waren, sondern Professionelle, und dementsprechend andere, kritischere Maßstäbe anlegen mußten. Wir konnten nicht mehr improvisieren und durften uns keine Fehler mehr leisten.

Ich war bereit, für dieses Ziel alle Opfer auf mich zu nehmen, wobei mich die Inspirationen, die von meinen strahlenden Erinnerungen an meine Heimat und von dem Wunsch, meinen Geschlechtsgenossinnen etwas mehr Freiheit zu verschaffen, genährt wurden, Kraft verliehen. Außerdem mußte ich nicht mehr allein kämpfen. Hatte ich nicht zur Unterstützung meine beiden Schwestern an meiner Seite, die ich selbst ausgebildet hatte; konnte ich nicht auch auf die Hilfe algerischer Kreise rechnen, da ich mit meinen Kompositionen unsere Kultur verbreitete?

Diese beiden »Stützen« ließen mich als erste fallen und versuchten anschließend sogar, mir die Flügel zu brechen.

Am Tag nach unserem Auftritt im Olympia hielt ich mit Fatima und Malha Kriegsrat und erklärte, wir müßten uns ab sofort auf die verschiedenen Galas vorbereiten, zu denen wir sicher eingeladen würden, und häufiger proben als bisher, auch wenn wir noch anderen Aktivitäten nachgingen. Sie schauten mich eher lustlos an; Galas, Auftritte, das war schon recht, aber die Arbeit ...

Die Probleme ließen nicht auf sich warten. Die beiden kamen zu den Proben, wann es ihnen behagte. Hervé hatte für die Produktion unserer Schallplatten eine Firma gegründet. Der Firmensitz bestand aus einer alten Scheune, die wir mit Möbeln vom Flohmarkt eingerichtet hatten und in der Hervé und ich auch wohnten. Wir mußten auf die anderen wie Arbeitgeber, sprich Ausbeuter, wirken, obwohl wir für alle Unkosten aufkamen und für die Musiker sowie meine Schwestern anständige Honorare vereinbarten. Die Musiker waren niemals zickig, meine Schwestern führten sich dagegen häufig wie verwöhnte Kinder auf. Wegen der geringsten Kleinigkeit verließen sie die Bühne, kamen heulend wieder und spielten auf dem Klavier meiner Gefühle, so daß ich nur allzu häufig nachgab. Hervé war deprimiert; er konnte für uns Verträge in ganz Frankreich abschließen, doch er konnte nie sichergehen, daß die »Kleinen« auch wirklich auftraten. So wagte er sich an größere Projekte wie Auslandstourneen gar nicht erst heran. Wir waren ständig von den jugendlichen Krisen der beiden abhängig, die die Zukunft von *Djurdjura* und der Musiker aufs Spiel setzten.

Vergebens schilderte ich meinen Schwestern die angenehmen Seiten unseres Berufs und die Botschaft, die ich vermitteln wollte, die ihnen aber völlig gleichgültig war. Sie wollten nur die Vorteile einkassieren, ohne die Nachteile und oft auch Härten in Kauf zu nehmen. Sie wollten bekannt sein und geliebt werden, Blumen erhalten und Applaus; doch die ermüdenden Reisen, die zu früh am Morgen angesetzten Interviews und die zu kurzen Nächte in mittelmäßigen Hotels waren ihnen unerträglich. Selbstverständlich akzeptierten sie Hervés oder meine Kritik nicht, obwohl sie nur allzu berechtigt war. Sie wollten es sich, um den bekannten Satz Louis Jouvets zu übernehmen, »in einem unbequemen Beruf bequem machen«. Wie viele Anfänger, in denen nicht wirklich das heilige Feuer brennt, meinten sie, ein erster Erfolg und die erste, wohlwollend aufgenommene Schallplatte wären eine Garantie für ein ewiges Schlaraffenland.

Zu Beginn von *Djurdjura* waren Hervé und ich ständig in Angst und Sorgen. Einige Tage vor unserem wichtigen Auftritt im Théâtre de la Ville im März 1979, der mit dem Erscheinen der ersten Langspielplatte zusammenfiel, beschloß Malha, uns auf der Stelle zu verlassen. Ich mußte Tag und Nacht eine Sängerin ausbilden, die Gott sei Dank recht begabt war, um meine Schwester zu ersetzen. Hervé bekam aufgrund der anderen Zusammensetzung der Gruppe Probleme mit dem Theater. Er mußte auf eigene Kosten in letzter Minute die Plakate, Pressedossiers, Fotos, das heißt das gesamte Material für Presse und Werbung, neu gestalten.

Fatima verhielt sich etwas vernünftiger, war aber auch nicht besonders motiviert. Sie wollte lieber singen als in einem Büro arbeiten und hoffte, als Sängerin sehr viel Geld zu verdienen. Nur, sie brachte sich nicht ein, wie sie sich hätte einbringen müssen. Vielleicht blieb sie nur aus Zuneigung zu mir, zumindest nahm ich das an. Ich liebte sie sehr. Von meinen Schwestern stand sie mir am nächsten, war meine Komplizin. Wir hatten als Jugendliche die schlimmsten Zeiten in unserer Familie gemeinsam durchstehen müssen. Wir hatten zusammen gelitten. Ich hoffte, daß wir jetzt auch zusammen glücklich werden würden. Und wir erlebten auch schöne Tage zusammen, zumal wir nicht weit voneinander entfernt wohnten. Ich sprach mit ihr über die Sorgen, die mir die anderen Schwestern und Brüder machten, die inzwischen groß geworden waren, sich aber keineswegs um eine Arbeit bemühten. Fatima war die einzige, die mir sagte, ich würde die Familie zu stark unterstützen und täte besser daran, ab und zu auch an mich zu denken. Ich glaube sogar, daß sie 1980, als ich die zerknirschte Malha wieder in unsere Gruppe aufnahm, regelrecht verbittert war.

Sie hatte recht. Einige Monate später verließ uns Malha wieder ohne Vorwarnung, nachdem sie mir geschworen hatte, sie würde uns nie mehr verlassen, sie hätte viel überlegt und sei gereift.

Wieder einmal mußte ich einen Ersatz ausbilden. Von 1977 bis 1985 verbrachte ich mehr Zeit damit, Sängerinnen auszubilden, als unsere eigentliche Arbeit voranzutreiben. Wäre es so weitergegangen, hätte ich früher oder später die Gruppe auflösen müssen. Doch das Bedürfnis, mich auszudrücken und mit Hilfe von Worten und Musik mit anderen zu kommunizieren, war bei mir inzwischen stärker geworden als alles andere. Die Bühne und der Kontakt mit dem Publikum hatten mein Leben auf sanfte Art verändert. Ich war nicht mehr auf mich zurückgeworfen, sondern hatte die Mittel gefunden, mich auszudrücken, hatte Kontakt mit meinen Mitmenschen und zudem das Gefühl, nützlich zu sein. Das alles lohnte in meinen Augen die Mühe, die Hindernisse zu überwinden.

Nach Malha kümmerten Hervé und ich uns um die Kleinste, Djamila, die sich nicht lange bitten ließ und froh war, die verhaßte Schule verlassen zu können. Sie wollte zudem nicht mehr zu Hause leben, wo sie ständig Schwierigkeiten mit meiner Mutter und meinen Brüdern hatte. Sie war eine reizende Sechzehnjährige und zudem talentiert. Als junges Mädchen hatte ich sie bereits an der städtischen Musikschule von Epinay eingeschrieben. Sie begeisterte sich für den Tanz, und eine Zeitlang dachte ich, sie könne auf diesem Gebiet Karriere machen. Doch sie war nicht zäh genug und gab zu früh auf. Ich schrieb das ihrer schwierigen Kindheit und der Einsamkeit innerhalb einer zu großen Familie zu, obwohl ich immer versucht hatte, mich besonders um sie zu kümmern.

Wir hatten Vertrauen in sie und wollten ihr helfen. Die Musiker verhätschelten sie wie ein kleines Maskottchen, und ich brachte ihr wie den anderen die Lieder und die kabylische Sprache bei. Ganze Tage sprach ich in unserer Muttersprache mit ihr, bezahlte Unterricht in Klavier, Gesang und allgemeiner Musiklehre. Zusammen mit Fatima und mir besuchte sie eine Schauspielschule, klassische und moderne, afrikanische und sogar indische Tanzkurse, um unsere künstlerische Kultur zu erweitern und meine Inspirationsquellen zu bereichern.

Nachdem sie einige Monate begeistert gearbeitet hatte, verweigerte Djamila plötzlich den Besuch dieser »Schulen«, wie sie sich ausdrückte, und begann, sich gegen mich aufzulehnen, wie meine Mutter und meine jüngeren Brüder. Mit Ausnahme von Fatima betrachteten alle meine Bemühungen um ihre Zukunft als eine selbstverständliche Angelegenheit. Ich kämpfte mich ab, um mein Versprechen einzuhalten: meine kleine Familie zu Erwachsenen heranzuziehen und mich um meine Mutter zu kümmern. Sie war immer noch depressiv und mir gegenüber kaltherzig.

Gott sei Dank gab es Hervé und die Auftritte. In den Kulissen verging ich vor Lampenfieber, doch sobald ich die Scheinwerfer auf mich gerichtet fühlte, lebte ich auf. Von Lille bis Carthage, in Frankreich wie im Ausland ließ uns das Publikum nie im Stich. Von 1980 bis 1982 nahm *Djurdjura* einen verheißungsvollen Aufschwung, Tournee folgte auf Tournee, und die Presse berichtete ausführlich über unsere Arbeit. Maghrebinische Frauen und Mädchen, aber auch die anderer Nationalitäten, besuchten unsere Konzerte immer häufiger. Für diejenigen, die unsere Sprache nicht beherrschen, wurden zwischen den Liedern die Texte übersetzt, und die Botschaft kam an.

Mein Herz lebte im Rhythmus des Applauses. Das Lächeln, die Freude und die Begeisterung der Zuhörer spornten mich an. Viele Männer schauten bewundernd auf die Bühne. Eines Tages hatte ein ungefähr fünfzigjähriger Immigrant einen Zettel auf die Bühne geworfen, auf dem in ungelenken Buchstaben geschrieben stand: »Es lebe die freie algerische Frau!« Ich verlas diese Botschaft natürlich sofort über das Mikrophon. Das Publikum tobte.

Aufrecht, stolz und in einem gewissen Sinne sogar feierlich stand ich auf der Bühne, um die maghrebinische Kultur und die Frauen des Maghreb zu ehren. Doch in meinem Innern kniete ich vor diesen Menschen, die mich unterstützten und mit offenen Armen aufnahmen. In meiner Kindheit hatte ich mich immer ungeliebt gefühlt, und jetzt, plötzlich, liebten mich alle. Ich verausgabte mich völlig, um diese Liebe zu rechtfertigen, schlug so stark in meine Hände, daß meine Armreifen mir blaue Flecken verursachten. Wir feierten auf der Bühne ständig Feste. Das Publikum spürte das, egal, welches Alter es hatte oder welcher Rasse es angehörte. Oft setzten sich Kinder auf die Rampe, schlugen den Takt und umarmten uns am Ende des Auftritts. »Zwischen *Djurdjura* und seinem Publikum ereignet sich immer etwas«, schrieben die Journalisten.

Wir tauschten mit unserem Publikum vor allem Gefühle aus: das einzig Wichtige, das ein Künstler geben kann, die einzige Wahrheit. Diese Wirkung ermöglichte es mir vielleicht, die Grenzen des Saales zu überschreiten.

Ich kämpfte, damit die algerischen Frauen, und natürlich auch die Frauen aller anderen Nationen, über sich selbst verfügen und sich von der Tyrannei ihres Vaters, Bruders oder Mannes befreien konnten. Denjenigen, die ständig wiederholten, als hätten sie die Moral gepachtet, die Frauen müßten respektvolle Hüterinnen der Traditionen sein, antwortete ich: »Ihr täuscht euch, sie ist die Hüterin der Volkskultur, das ist nicht das gleiche.« Die Kultur ist das Juwel der Völker, ihr Schatz. Sie wird im Laufe der Geschichte immer reicher und sollte in das Gedächtnis eines jeden eingegraben sein: »*Derjenige, der nicht weiß, woher er kommt, kann nicht wissen, wohin er geht*«, schreibt Gramsci. Die Traditionen dagegen enthalten gute wie schlechte Bräuche und müssen laufend entstaubt werden, wenn Fortschritte erzielt werden sollen.

Mir war die politische Reichweite meiner Texte natürlich bewußt. Ich hoffte, daß andere, vor allem die Politiker, meine Botschaft bis in mein geliebtes Heimatland Algerien tragen würden. Ich hoffte, daß meine Lieder dazu beitrugen, gewisse Tabus zu beseitigen, nicht um irgendwelche Freiheiten oder gar Ausschweifungen zu predigen, sondern um eine Harmonie zwischen den Geschlechtern zu schaffen und so unsere Gesellschaft weiterzuentwickeln.

Die algerischen Führer schienen dies nicht zu mögen. Sie hatten *Ali au Pays des Merveilles* geschätzt, doch Fatma interessierte sie nicht, weder als Emigrantin noch als in ihrer Heimat lebende Algerierin. Dabei hatten 1976 bereits die algerischen Frauen die gleichen Rechte erhalten wie die Männer, zumindest auf dem Papier. Doch die neuen Gesetze wurden nicht mit Leben erfüllt. Die »unverschämten« Beschreibungen ihrer Lebensbedingungen, die wir auf der Bühne lieferten, waren leider immer noch Realität.

Unsere Lieder wurden unterdrückt, soweit dies möglich war, und meine Texte, in denen ich darauf hinwies, daß von der angeblichen sozialen Gerechtigkeit die Hälfte der Bevölkerung, nämlich die Frauen, ausgeschlossen war, verächtlich gemacht.

Natürlich wurden wir nicht nach Algerien eingeladen, und unsere Schallplatten wurden dort verboten.

Doch dieses Verbot kümmerte die Bevölkerung nicht weiter, die sich heimlich unsere Platten besorgte oder sich Kopien machte. Einige geschäftstüchtige Produzenten profitierten davon, zumal die ONDA, die algerische GEMA, die Augen zumachte. Mir war wichtiger, gehört zu werden, als die mir zustehenden Tantiemen zu kassieren.

Um unsere Anhänger zu entmutigen, streute man Gerüchte, *Djurdjura* wäre der Regierung gegenüber feindlich eingestellt. Dabei hatten weder meine Schwestern noch ich selbst uns je direkt in die Politik eingemischt.

Privat allerdings zog ich öfter die Bilanz der fünfundzwanzigjährigen Unabhängigkeit Algeriens. Ich weiß selbstverständlich, daß junge Staaten Zeit brauchen, bis sie funktionieren, doch was funktioniert in Algerien? Armut, Arbeitslosigkeit, Wohnungsnot, Verbrechen, die höchste Scheidungsrate, die höchste Geburtenrate, aber auch die höchste Selbstmordrate von Frauen, und es gibt eine frustrierte Jugend: Sechzig Prozent sind nur ungenügend oder gar nicht auf die Zukunft vorbereitet und vergöttern trotzdem ihre Heimat. Hinzu kommt die Unterdrückung aller von der Regierung abweichenden Meinungen. Die Einheitspartei FLN wird von einem harten Kern geleitet und vom allmächtigen Militär getragen, das aus diesem Kern den jeweiligen Staatschef auswählt und so die Mächtigen kontrolliert. Es ist schon richtig, daß wir »keine Politik machten«, was aber nicht heißt, daß wir nicht ab und zu nachdachten.

Nur, wir hatten nicht das Recht, unsere Gedanken auszudrücken. Ich war außer mir – und bin es heute noch – über diese völlige Ablehnung aller Kritik. »Diejenigen, die unter der schönen Sonne Algeriens nicht glücklich werden, sollen woanders hin ziehen«, hatte Präsident Boumédienne gesagt.

Zahlreiche Algerier waren denn auch ins Ausland gezogen, einige mit der Absicht, eine Opposition zu gründen. Sie wurden sofort beschuldigt, von feindlichen Ländern bezahlt zu werden. Dabei hatten sie auf den absoluten Mangel an Demokratie hingewiesen: Einheitspresse, Einheitsrundfunk, Einheitsfernsehen im Dienst der Regierung, die die Massen in ihrem Sinne beeinflussen und erziehen wollte.

Im Exil Lebende sprachen auch offen über das Problem des Islams als einer Staatsreligion, die kaum vereinbar ist mit sozialistischen Dogmen: »Ich bin Mohammedaner, aber ...« Müssen wir den Koran nicht einer neuen, modernen Lesart unterziehen, so wie es die Christen mit dem Evangelium gemacht haben? Auch im Evangelium heißt es, die Frau solle dem Manne untertan sein, nur daß sie sich inzwischen die Rechte erworben hat, die ihr jahrhundertelang verwehrt wurden.

Wie auch immer, bei uns in Algerien bleibt die Frau dem islamischen Gesetz unterworfen, und zwar in der Form, in der es zu Beginn des Islams interpretiert wurde. Da es kein durchstrukturiertes weltliches Rechtssystem gibt, wird das tausendjährige muselmanische Gesetz von den Gerichten anerkannt, in dem die Überlegenheit des Mannes als Tatsache festgeschrieben ist. So hat er das Recht, seiner Frau die Arbeit außer Haus zu untersagen, sie zu verstoßen, seine Töchter ohne deren Zustimmung zu verheiraten und sie nach Belieben zu züchtigen. Nicht einmal die Polygamie ist verboten.

So gesehen, ist es leicht, meine Lieder als Gotteslästerungen abzutun. Daß bei meinen Kompositionen die Kultur der Berber eine ausschlaggebende Rolle spielt, wurde so wenig geschätzt wie mein »Feminismus«. Die Regierung betrachtete das Einstehen für die berberische Abstammung als oppositionelle Haltung, und ich war durchaus nicht die einzige, deren Schallplatten aus diesem Grund verboten wurden. Hatte nicht bereits Slimane Azem, der Vater des zeitgenössischen kabylischen Chansons – eine subtile Mischung aus La Fontaine und Georges Brassens –, sein ganzes Leben im Exil verbringen müssen? In jüngerer Zeit wurde der berühmte kabylische Dichter Mouloud Mammeri, der große Bewahrer unserer Sprache, verfolgt. Als er eines Tages in Tizi-Ouzou vor Studenten einen Vortrag über die berberische Dichtung halten wollte, wurde er von der Polizei unterwegs aufgehalten und zur Umkehr gezwungen. Dadurch wurden 1980 die ersten Aufstände des »Berberischen Frühlings« ausgelöst. Die Studenten, die das Erbe von Jugurtha und der rebellischen Kahina angetreten hatten, aber nur das Recht für sich in Anspruch nahmen, anders zu sein, wurden brutal unterdrückt. Zahlreiche kabylische Schriftsteller, Dichter und Sänger wurden zum Schweigen gebracht.

Die bis in die Antike zurückreichende Rivalität zwischen Arabern und Berbern hat in dem vereinten Algerien jeden Sinn verloren. Die Tatsache, daß ich im Djurdjura-Gebirge geboren wurde, macht mich nicht zu einer hinterwäldlerischen Berberin. Im Gegenteil, ich war und bin davon überzeugt, daß die beiden Kulturen und Sprachen nebeneinander bestehen und sich mit viel Gewinn befruchten können. Die gegen alle Einflüsse von außen verschlossene Berberkultur gehört in meinen Augen der Vergangenheit an, was nicht rechtfertigt, daß die Araber versuchen, unseren kulturellen Reichtum einzudämmen.

Aus diesen Gründen war ich bereit, Vizepräsidentin einer Vereinigung zu werden, die zum Ziel hatte, Künstler unterschiedlicher Herkunft – Kabylen, Tuaregs und Araber – in kreativer Harmonie zu vereinen. Diese Vereinigung hieß ACIMA. Zwei Jahre lang erzielten wir recht gute Ergebnisse, doch dann interessierten sich immer weniger Menschen für die Bestrebungen, sich zu vereinen und trotzdem die Persönlichkeit des einzelnen zu respektieren, und wir mußten die ACIMA auflösen.

Deswegen gab ich es noch lange nicht auf, meine Ideen zu verteidigen. Ich hatte keine politischen Ambitionen und strebte auch nicht nach Macht, doch alle Bemühungen, Gleichheit und Gerechtigkeit zu fördern, lagen mir am Herzen. So trat ich für die Frauen und kleinen Mädchen ein, die in zahlreichen Ländern verstümmelt, beschnitten, verhöhnt oder vergewaltigt werden. Ich kämpfte gegen Apartheid und Folter und gegen ungerechte, unmenschliche Gefängnisstrafen in den verschiedensten Ländern. Ich nahm an Kolloquien von Amnesty International, der Liga für Menschenrechte, der MRAP, des Komitees zur Unterstützung politischer Gefangener in Algerien und vieler anderer Vereinigungen teil, die mich baten, ihr Anliegen mit meinen Liedern zu unterstützen. Selbstverständlich lehnte ich solche Bitten nie ab und nahm in diesen Fällen kein Geld für meine Auftritte, was meine Schwestern erbitterte. Sie fanden meine Großzügigkeit grotesk. Wieder einmal mußte ich mich nach anderen Sängerinnen umsehen. Das Publikum gewöhnte sich daran, mich allein die Fahne meiner Überzeugungen hochhalten zu sehen, von jeweils wechselnden Künstlerinnen begleitet. Meine Schwestern waren häufig eifersüchtig, beschuldigten mich, ich würde mich immer vordrängen, während ich ständig versuchte, das kleine Team, dessen einziger Motor ich war, zusammenzuhalten. Meine lieben kleinen Schwestern scheuten nicht einmal davor zurück, den Inhalt unserer Auftritte zu verunglimpfen.

»Mit deiner ewigen Leier über das Los der Frauen und der Immigranten werden wir nie zu Stars«, griff mich Djamila eines Tages gemein an.

Diese »alten Leiern«, die mir eher schöne Gedichte zu sein schienen, hatten ihr Leben höchst angenehm verändert. Sie hatte ein anderes Milieu kennengelernt als die tristen Wohnsilos in den Vorstädten. Sie trug schöne Kleider, trank Champagner und gab Autogramme. Sie vergaß, daß sie ihre Freizügigkeit mir verdankte, denn ich hatte das Risiko auf mich genommen, mich dem väterlichen Despotismus zu widersetzen. Sie vergaß, daß Hervé und ich ihr alles beigebracht hatten. Sie verachtete ihre Herkunft und sah sich bereits als Superstar des Show-Busineß.

Fatima hatte keine so hochgestochenen Pläne, aber meine Art, das Leid dieser Welt als mein persönliches Leid zu betrachten, ging ihr auf die Nerven.

Die Atmosphäre wurde immer unerträglicher. Doch den Freunden, dem Publikum und den Journalisten gegenüber tat ich so, als sei alles in Ordnung, selbst wenn ich unter den ewigen Streitereien litt. Das wichtigste war, daß *Djurdjura* existierte und seine Botschaft verbreitete.

»Das Haus des Glücks« ... Ich hatte es 1981 mit den ersten Gewinnen unserer Gesellschaft, meinen ersten Honoraren und einem recht stattlichen Bankkredit gekauft und so mein Versprechen gehalten: Meine Mutter konnte endlich in einem großen, eigenen Haus leben.

Hervé und ich begannen, unseren umgebauten Schleppkahn auf der Seine einzurichten, glücklich, diese ungewöhnliche und charmante Wohnmöglichkeit gefunden zu haben.

Bei dem »Haus« handelte es sich um eine prächtige Villa mit sieben Zimmern, einem großen Keller, einer Garage, Balkons und einem Garten; sie lag in Lardy im Departement Essonne.

»Schade, daß sie keinen offenen Kamin hat«, meinte meine Mutter.

Ein Satz, der mir auf den Magen schlug, denn ich hatte eigentlich eine andere Art von Dankbarkeit erwartet, doch meine Mutter schien recht zufrieden zu sein und war optimistisch wie schon seit langem nicht mehr.

Djamel und Hakim, meine jungen Brüder, sollten hier, weit von ihren Banden entfernt, mit ihr leben. Ich hoffte, sie würden sich endlich um eine Arbeitsstelle kümmern und richtige Freunde kennenlernen.

Doch genau das Gegenteil traf ein: Meine Brüder wurden noch fauler und behielten ihren schlechten Umgang bei. Djamel, der jüngste, gerade achtzehn Jahre alt geworden, wurde arrogant, gewalttätig, bedrohte meine Mutter und mich und spielte den Gangsterboß. Er lehnte alle Vorschläge zu arbeiten ab und dachte nicht daran, irgendeinen Beruf zu erlernen. Er machte uns das Leben zur Hölle, so daß wir ihn zu meinem verheirateten Bruder Amar schickten, in der Hoffnung, dieser würde ihn zur Vernunft bringen. Amar gab schon bald auf und schickte ihn zu Belaid nach Südwestfrankreich weiter, der ihn ebenfalls nicht ertragen konnte und zu Mohand nach Algier verfrachtete.

Mohand ging es inzwischen als Fotograf recht gut, und er beschloß, für meine Mutter in unserer Heimat ein Haus bauen zu lassen. Ich habe nie herausbekommen können, ob er mit mir rivalisieren wollte oder ob er wirklich von später Liebe zu seiner Mutter gepackt worden war. Meine Mutter war begeistert und sprach nur noch von dem neuen Haus in der Heimat. Sie reiste sofort nach Algerien, um die Bauarbeiten persönlich zu überwachen. In der ersten Zeit kam sie alle drei, später dann alle sechs Monate und endlich nur noch unregelmäßig nach Frankreich.

Wenn ich sie dann in Lardy besuchte, lobte sie die Großzügigkeit ihres ältesten Sohnes und die Vorzüge ihres Lebens in Algerien. Was ihr Sohn ihr schenkte, war natürlich viel schöner und bedeutender als das, was ich ihr zwanzig Jahre lang geschenkt hatte: die Möglichkeit für ihre Kinder und sich selbst zu leben. Ich unterdrückte jedesmal den Schmerz, der durch ihre offene Undankbarkeit ausgelöst wurde, und freute mich, daß sie zwischen Paris und Ifigha in der Nähe ihres ältesten Sohnes, den sie zeitlebens mehr geliebt hatte als ihre anderen Kinder, glücklich wurde und sich bester Gesundheit erfreute.

Ich bezahlte natürlich die Wechsel und den Unterhalt der Villa in Lardy weiter. Es ging dort zu wie in einem Taubenschlag. Jeder benutzte das Haus, wie es ihm beliebte. Djamila wohnte von Anfang an dort und konnte so ihre gesamten Gagen von den Auftritten mit *Djurdjura* für sich behalten. Hakim war arbeitslos und zum Großteil von mir abhängig, ohne daß ihn das gestört hätte. Ich überwies weiterhin Geld und ernährte einen Teil der Familie. Wenn meine Mutter sich in Algerien aufhielt, rief sie öfter an, fragte nach dem Befinden und bat mich, Freunden, die nach Paris kamen, bestimmte Geldsummen für sie auszuhändigen, damit sie die Schulden begleichen konnte, die sie inzwischen gemacht hatte. Diese gewaltigen Summen, unser Hausboot und die laufenden Kosten für unsere Produktionsgesellschaft belasteten Hervés und mein Budget in erheblichem Maß. Doch das störte niemanden: Alles, was ich tat, verstand sich von selbst.

Ebenso hielt meine Familie ab dieser Zeit Erpressungsversuche für normal. Am 1. April 1982 rief Djamel mich an, er sei wieder aus Algier zurück. Ich antwortete ihm, natürlich stünde ihm das Haus in Lardy offen.

»Selbstverständlich werde ich dort wohnen«, antwortete er. »Das steht doch außer Frage. Ich brauche Geld. Du bist Sängerin und hast Geld. Du bringst mir morgen fünfzigtausend Francs nach Lardy. In bar. Ich warte auf dich.«

Ich dachte zunächst, er mache einen Aprilscherz, bis ich feststellte, daß er wirklich versuchte, mich zu erpressen. Er machte es sich in der Villa in Essonne bequem, die in seinen Augen ihm gehörte, und fuhr fort, mich zu belästigen.

»Du wirst uns dieses Geld geben, oder es wird dich teuer zu stehen kommen!«

Uns? Hatte Belaid ihn vorgeschickt? Oder Mohand, der mich abgrundtief haßte? Oder gar beide? Ich weiß es nicht. Ich weiß nur, daß Hervé mich mit Hilfe eines Polizeiinspektors vor diesem Erpressungsversuch schützte und daß Djamel sich nicht lange in Lardy aufhielt, sondern über Südwestfrankreich (also Belaid) wieder nach Algier (Mohand) zurückfuhr. Es war mir klar, daß die drei unter einer Decke steckten.

Ich informierte meine Mutter, die sich damals in Algier aufhielt, von dem Erpressungsversuch, doch soweit ich weiß, machte sie Djamel nicht die geringsten Vorwürfe.

Wollte sie in ihrer ewigen Angst vor einem Skandal die Geschichte unter den Teppich kehren? Oder war sie glücklich, jetzt nicht nur einen, sondern sogar zwei Söhne in ihrer Nähe zu wissen, so daß sie das geliebte Wesen unbefleckt sehen wollte? Mädchen zählten ja nicht. Sie sind für andere Familien bestimmt, sollten selbst Söhne auf die Welt bringen, die sich in ihrem Alter dann um sie kümmern würden. Ich hatte weder eine »offizielle« Familie noch einen Sohn, war nicht so einfach im Familienverband einzuordnen, war, wie ich annehme, die »Schande der Familie« und kümmerte mich trotzdem um die meisten.

Meine Schwestern lebten in absoluter Freiheit und hatten nie diese »Strafen« auf sich zu nehmen, die mir mit der Begründung, eine Heirat mit einem mir unbekannten Araber abgelehnt zu haben und mit einem Franzosen in wilder Ehe zu leben, auferlegt wurden. Fatima ließ sich zu Beginn der achtziger Jahre von einem Landsmann scheiden, um mit einem Deutschen zusammenzuleben, von dem sie 1984 ein Kind bekam. Sie ließ auf der Stelle die Gruppe im Stich, und ich durfte mich wieder einmal um einen Ersatz kümmern.

Djamila, die damals noch zu *Djurdjura* gehörte, lebte weiterhin in Lardy. Hakim und sie hatten aus der Villa einen Unterschlupf für alle möglichen zwielichtigen Gestalten gemacht und sie in eine für alle offene Diskothek umgewandelt. Niemand dachte daran, das Haus zu pflegen, und ich war nicht erstaunt, als ich eines Tages erfuhr, daß in die Villa eingebrochen worden war.

Ich sprach mit meiner Mutter über dieses Problem. Sie hatte persönlich den traurigen Zustand der Villa festgestellt. Wir beschlossen gemeinsam, das Haus zu verkaufen. Ich wollte für meine Mutter für ihre immer seltener werdenden Aufenthalte in Frankreich eine kleinere Wohnung kaufen. 1985 beauftragte ich zwei Immobilienmakler, sich um den Verkauf des Hauses zu kümmern. Djamila und Hakim sollten noch dort wohnen bleiben, bis ein Käufer gefunden war. Anschließend sollten sie ihr Leben endlich selbst in die Hand nehmen.

Nach fünfjähriger Abwesenheit tauchte Malha, die uns 1980 verlassen hatte, wieder auf. Sie bat mich immer wieder um Verzeihung und flehte mich an, sie wieder in die Gruppe aufzunehmen. Sie erklärte, sie habe ihren ersten Mann, den Kabylen, verlassen und in ihrer jetzigen Verbindung mit einem Franzosen ihr Gleichgewicht wiedergefunden. Sie fühle sich jetzt wohler und sei bereit, noch einmal ganz von vorne anzufangen.

Wieder einmal überwältigten mich meine »Muttergefühle«. Die anderen machten mir damals sehr große Sorgen, so daß Malhas Zärtlichkeit mir guttat. Ich erzählte ihr, was sich während ihrer Abwesenheit zugetragen hatte: Fatimas Ausscheiden aus der Gruppe, Djamels Erpressungsversuch, die heruntergekommene Villa und Mama, die in Algerien lebte und mir wie üblich die finanziellen Probleme überließ. Malha bedauerte mich und meinte, ich könne ab jetzt auf sie zählen.

Ich mußte stundenlang mit Djamila verhandeln, bis sie bereit war, ihre Schwester wieder in der Gruppe zu akzeptieren.

»Willst du sie nach all dem, was sie dir angetan hat, wirklich wieder mit offenen Armen aufnehmen?«

Ich erklärte, wir seien Schwestern, und wir müßten verzeihen können. Djamila zuckte nur mit den Schultern.

Ich hatte eine Schwäche für meine jüngste Schwester. Hatte ich sie nicht gewickelt, in meinen Armen gewiegt und gefüttert, als ob sie meine Tochter wäre? Djamila aber behandelte mich immer schlechter. Ließ sie ihre Aggressionen an mir aus, nachdem ihre Mutter in die Heimat zurückgekehrt war? Seit einiger Zeit nannte sie mich »Mama«. Ich dachte zuerst an einen psychologischen

Übertragungsvorgang. Dann stellte ich fest, daß sie, vor allem wenn sie mich im Beisein Dritter »Mama« nannte, unseren Altersunterschied betonen wollte; ich sollte mich wohl unbehaglich fühlen. Sie stand in meinem Schatten. Aus lauter Rivalität versuchte sie sogar auf so schamlose Weise, daß ich es nicht beschreiben kann, Hervé zu verführen.

Trotzdem hatte sie recht, als sie an der Aufrichtigkeit von Malhas Versprechen zweifelte. Einige Monate nachdem sie die Arbeit in unserer Gruppe wiederaufgenommen hatte, verkündete sie kurz vor einem wichtigen Fernsehauftritt, sie flöge auf die Insel Mauritius, um Urlaub zu machen.

»Der Flug wurde mir geschenkt, eine einmalige Gelegenheit. Ich kann die Reise nicht hinausschieben, denn ich bin schwanger.«

»Eine merkwürdige Art, mir eine so schöne Neuigkeit anzukündigen«, antwortete ich kalt. »Aber ich kann nicht einsehen, daß wir aus diesem Grund auf den Fernsehauftritt verzichten sollen. Du kannst deine Abreise schließlich um einen Tag verschieben, nicht wahr? Im übrigen kannst du tun und lassen, was du willst. Wenn du nicht kommst, werde ich, wie üblich, mit dem Problem fertig werden.«

Sie erschien dann doch zu den Fernsehaufnahmen, wütend, daß sie einen kostbaren Urlaubstag verloren hatte, sprach kein Wort und verschwand auf die Insel Mauritius. Strahlend und heiter kam sie zurück und versöhnte sich merkwürdigerweise mit Djamila, um besser gegen mich opponieren zu können, wie ich schon bald feststellen mußte.

Eines Morgens rief Djamila auf dem Wohnschiff an und bat mich zu einem Treffen mit Malha; wir sollten miteinander »diskutieren«. Was wollten die beiden eigentlich? Neue Kostüme? Höhere Gagen?

Kaum war ich bei Malha angelangt, als beide mir ihre

gemeinsam getroffene Entscheidung mitteilten: Sie wollten *Djurdjura* auf der Stelle und für immer verlassen. Djamila erklärte mir geradeheraus die Gründe, die sie zu diesem Schritt veranlaßt hatten:

»Wir haben die Schnauze voll. Wir hoffen, daß es dir dreckig geht, wenn wir dich verlassen. Dann kannst du wenigstens mit deinem Zirkus nicht mehr weitermachen. Deine Lieder sind null, du selbst bist eine Null, und Hervé ist eine Null. Mit deinen lahmen Liedern und Auftritten werden wir keine Stars!«

Dann packte sie mich am Kragen und begann, auf mich einzuschlagen. Das Baby, das ich früher in den Armen gehalten hatte, wagte es, die Hand gegen mich zu erheben!

Das war zuviel. Ich schob sie zurück und sagte so ruhig, daß ich mich selbst wunderte:

»Ihr wollt die Gruppe verlassen? Tut das. Ich wünsche euch viel Glück.«

Ich ging, erschüttert, weinend und trotzdem erleichtert. Dieser Schluß war einfach unausweichlich gewesen. Ich hatte wirklich keine Lust mehr, sie ständig zum Arbeiten ermahnen zu müssen, pünktlich zu den Proben zu erscheinen und die beruflichen Aufgaben ordentlich zu erledigen. Es gab schließlich andere Sängerinnen, die mir oft ausgeholfen hatten.

So nahm ich mit einer ehemaligen Mitarbeiterin Kontakt auf, bildete eine neue aus, und alles lief bestens. Die Atmosphäre besserte sich schlagartig; wir waren alle viel entspannter und gingen sehr viel professioneller ans Werk. Die Musiker waren über den Wechsel sehr glücklich. Unsere Proben erinnerten nicht mehr an mürrisch hingenommene Pflichtübungen. Wir suchten gemeinsam nach neuen künstlerischen Mitteln. Warum hatte ich mir nur jahrelang mit dem Versuch, meine Schwestern zu lancieren, das Leben schwer gemacht?

Ich war fest entschlossen, meine Familie aus allen Bereichen meines Lebens herauszuhalten. Ich war sechsunddreißig Jahre alt, und es war höchste Zeit, daß ich mich um Hervé und mich kümmerte. Ich wollte endlich selbst ein Kind haben und über die Mittel verfügen, es aufzuziehen.

Ich ließ meine Geschwister wissen, daß ich ab sofort alle Zahlungen einstellte. Sie waren jung und gesund und konnten für sich selbst sorgen. Gleichzeitig betonte ich, daß ich weiterhin für meine Mutter aufkommen würde, allerdings nur unter der Bedingung, daß auch die anderen dazu beitrugen. Wir seien schließlich zu neunt, und es gäbe keinen Grund, daß ich allein für sie bezahlte. Ich informierte sie noch einmal, daß ich das Haus in Essonne verkaufen würde. Bis zum Verkauf könnten Djamila und Hakim dort wohnen bleiben, doch sie hätten sich darauf einzustellen, daß sie sich schon bald um eine andere Wohnung kümmern müßten. Zum Schluß äußerte ich die Hoffnung, daß wir uns regelmäßig sehen würden und daß die Tatsache, nicht mehr von mir ernährt und untergebracht zu werden, ihren Familiensinn nicht beeinträchtigen sollte.

Sie bewiesen in der Tat einen höchst »gesunden« Familiensinn: Sie machten gemeinsam gegen ihren Feind – nämlich mich – Front.

Meine Mutter kam sofort aus Algerien angereist. Wir hatten gemeinsam beschlossen, die Villa zu verkaufen, doch jetzt wollte sie plötzlich nichts mehr davon wissen. Von einem Tag auf den anderen versammelten sich meine sämtlichen Geschwister in der Villa und behaupteten den Immobilienmaklern gegenüber, das Haus gehöre nicht mir und sei nicht verkäuflich. Die Makler wandten sich gegen mich, und ich mußte die Gerichte bemühen, um der Wahrheit zum Recht zu verhelfen.

Fast zwei Jahre ging das so weiter; zwei Jahre, in denen ich bedroht und beleidigt wurde. Meine Familie scheute nicht einmal davor zurück, uns nachts auf unserem umgebauten Lastkahn anzurufen und zu beschimpfen und zu drohen.

Mohand, der seit siebzehn Jahren in Algerien lebte und dort beruflich erfolgreich war, beschloß, nach Frankreich zurückzukehren. Ein Zufall? Oder wollte er die Operationen gegen mich besser leiten können? Und mich an meine »Pflichten« erinnern?

Was wollten sie eigentlich? Sollte ich sie weiterhin auf meine Kosten wohnen lassen, sie ernähren, *Djurdjura* aufgeben, da meine Schwestern nicht mehr zur Gruppe gehörten, sie weiterhin finanziell unterstützen, wie ich es seit meinem zwanzigsten, nein, seit meinem vierzehnten Lebensjahr getan hatte?

Das alles wollten sie ... und noch viel mehr. Sie wünschten sich nichts sehnlicher als meinen Ruin, der mich, so ganz nebenbei gesagt, ganz real bedrohte, da sie mir, wo immer sie konnten, Schwierigkeiten bereiteten. Sie wollten meinen beruflichen und persönlichen Ruin! Ich hatte in ihren Augen alle Rechte verloren. Meine Schwestern wollten sich an mir rächen, da sie ihren beruflichen Ehrgeiz nicht hatten erfüllen können. Wären sie beruflich nicht gescheitert, hätten sie sich nicht so rachsüchtig gezeigt. Und meine Brüder warfen mir vor, ihrer Faulheit den Boden entzogen oder mich ihrer männlichen Überlegenheit nicht unterworfen zu haben. Mohand hatte seine Rache beileibe nicht vergessen. Hatte er mir nicht gedroht: »Wo immer du bist, wohin du gehst, selbst in Amerika, selbst in zehn Jahren oder noch später werde ich dich finden und dich töten.«

Meine Mutter rächte sich an mir, vielleicht unbewußt, für die Leiden, die ihr Mann ihr zugefügt hatte. Und da ich diesen Mann als Familienoberhaupt ersetzt hatte, zumindest finanziell, verlangte sie von mir, und nur von mir allein, das, was eine algerische Frau von ihrem Mann verlangen darf: materielle Sicherheit und sogar einen gewissen Luxus, an dem sie Gefallen gefunden hatte. Sie war bereit, den Einflüsterungen ihrer anderen Kinder zu erliegen, die genau wußten, daß meine Mutter meinen schwachen Punkt darstellte. Sie hetzten sie so gegen mich auf, daß es keine Umkehr mehr gab.

Eines Morgens tauchte sie tatsächlich auf dem Kai auf, an dem unser Boot vertäut lag, bedrohte mich mit ihrem Regenschirm und schrie:

»Du willst mich aus dem Haus verjagen, wie du deine Schwestern verjagt hast, an all dem ist dieser Franzose schuld, aber ihr werdet dafür bezahlen!«

Der Franzose! Hervé, der so viel für meine Familie getan hatte! Meine Schwestern hatten inzwischen das Recht, mit ihren Geliebten zu leben, ob das nun Deutsche waren oder Franzosen, auch unverheiratet, während der einzige Mann, der ihnen wirklich geholfen hatte, aufgrund seiner Nationalität immer noch so unerwünscht war, daß meine Mutter behauptete, »alles« sei seine Schuld. Aber was meinte sie mit »alles«?

Ich versuchte, die wütende Frau, die weiter auf dem Kai schrie, zu beruhigen. Ich erklärte, daß ich mich lange genug für die Familie aufgeopfert hätte und daß ich mich jetzt um mein Leben kümmern wolle.

Sie schaute mich an, als hätte ich sie auf unerträgliche Weise beleidigt. Mein Leben? Besaß ich in ihren Augen überhaupt so etwas wie ein eigenes Leben? Sie drehte sich auf ihrem Absatz um, drohte uns, bald würde es uns schlecht ergehen, sehr schlecht, wir könnten uns darauf gefaßt machen, und ging.

Hervé war leichenblaß: Eine solche Haltung hätte er nicht für möglich gehalten. Mehrere Tage war er krank.

Ich konnte einfach nicht begreifen, was mir widerfahren war. Meine Mutter! Das mir liebste Wesen drohte mir wie

Mohand einst in Algier! Die Dinge mußten unbedingt wieder ins Lot kommen, auch wenn ich mir sicher war, nicht mehr das gleiche Vertrauen in meine Mutter haben zu können wie bisher. Doch trotz aller Bedenken konnte ich einfach nicht zulassen, daß sie von den anderen in diesem Ausmaß manipuliert wurde. Ich war inzwischen davon überzeugt, daß sie mich nicht wirklich liebte, wollte aber ihren Haß nicht wahrhaben, war er doch von meinen Geschwistern angestachelt.

Der Muttertag war mir ein willkommener Anlaß, um den Versuch zu unternehmen, den Konflikt zumindest zu mildern. Ich schickte ihr einen riesigen Blumenstrauß und die dazu passende Vase. Auf die Karte des Blumengeschäfts hatte ich nur »Meiner lieben Mutter« geschrieben. Sie würde schon verstehen.

Sie verstand, auf ihre Weise. Ich hatte ihr mit den Blumen bewiesen, daß ich noch an ihr hing und sie folglich Druck auf mich ausüben, grausam über meine Schwäche triumphieren konnte. Am nächsten Morgen fand ich auf dem Gehweg vor der alten Scheune, in der unsere Gesellschaft ihre Büroräume hatte, die in tausend Splitter zersprungene Vase und die Blumen, auf denen wie wild herumgetrampelt worden war. Die Botschaft war eindeutig.

Ich begriff, daß ich mein ganzes Leben lang mit meinen Opfern und meiner Hingabe nichts anderes gesucht hatte als die Liebe meiner Mutter. Und daß ich jetzt endgültig darauf verzichten mußte. Ich war eine Waise, was mein Herz anbelangte.

Ich brach zusammen. Buchstäblich. Ich hatte keinerlei Energie mehr. Wir bereiteten damals eine Schallplatte vor, doch ich ließ alles stehen und liegen, kümmerte mich um nichts mehr und schloß mich völlig niedergeschlagen in meiner Einsamkeit ein. Ich magerte ab und verlor ein Kilo nach dem anderen, obwohl ich damals zum erstenmal schwanger war. Natürlich versuchte ich, mich aufzurichten und Hoffnung zu schöpfen. Doch der Schock war zu groß gewesen; nicht einmal dieses kleine Wesen konnte mich trösten. Ich verlor das Kind.

Nach der Fehlgeburt wurde ich endgültig depressiv. Ich hatte alles verloren, meine Mutter, mein Kind, meine Vergangenheit und meine Zukunft. Warum sollte ich kämpfen, um gesund zu werden?

Trotzdem kämpfte ich unbewußt weiter. Nachts wehrte ich mich ich in meinen Alpträumen gegen ganze Armeen von Dämonen; tagsüber flehte ich Setsi Fatima um Hilfe an. Ich sah die kleine, stolze, selbstbewußte Djura vor meinem geistigen Auge, die Tochter von Kahina, der Kriegerin. Man behauptet, die Kindheit sei die Heimat der Seele. Aus meinen Erinnerungen an Ifigha schöpfte ich den Willen und die Kraft zum Überleben.

Wie damals, als mein Vater mich monatelang in Courneuve eingesperrt hatte, vergrub ich mich in meine Bücher, denn das Lesen hatte für mich schon immer eine heilende Wirkung. Lesen hat mir immer geholfen, die Dramen der Existenz zu verstehen und zu bewältigen. Die Gedichte Nazim Hikmets, eines politischen Gefangenen, der vierzig Jahre in der Türkei in Einzelhaft gesessen hatte, lagen ständig auf meinem Nachttisch. Bitter meditierte ich über seiner letzten Botschaft:

Während meiner letzten Morgendämmerung werde ich meine Freunde wiedersehen, und dich, und nur ein unfertiges Lied mit unter die Erde nehmen.«

»Meine Freunde und dich?« Hervé wachte unaufhörlich über mich. Er und unsere Freunde sowie unsere Musiker umgaben mich mit einer menschlichen Wärme, die selbst eine Leiche wieder zum Leben erweckt hätte. Sie zwangen mich sanft, aber bestimmt, ins Studio zu gehen und weiter an den Schallplattenaufnahmen zu arbeiten. Stehen konnte ich nicht, dazu war ich zu schwach. So sang ich auf einem Schemel sitzend. Ihnen verdanke ich es, daß ich nicht tot bin und daß neue Lieder die Welt erblickten: Im November 1986 wurde meine vierte Schallplatte ausgeliefert.

»Die Herausforderung« hatte ich sie, gegen mein Leben revoltierend, genannt. Eine künstlerische und eine menschliche Herausforderung. Eine Herausforderung an den Tod und an diejenigen, die sich meinen Tod wünschten. Aber eine lächelnde Herausforderung, die sich der Gewalttätigkeit der anderen widersetzte. Ich ging weiter auf meinem einmal eingeschlagenen Weg und ließ mich durch sie nicht beirren.

Auch meine Familie verfolgte ihren Weg. Unser Kampf war noch lange nicht zu Ende. An dem Tag, an dem meine neue Schallplatte erschien, forderte sie mich heraus – auf ihre ganz persönliche Weise. Das Büro unserer Gesellschaft, die alte, von uns ausgebaute Scheune, in der *Djurdjura* gegründet worden war, wurde von meinen Brüdern »heimgesucht«, von dem ältesten und dem jüngsten, von Mohand und Djamel, von dem, der mir die Lippe verletzt hatte, und von dem, der mich zu erpressen versucht hatte. Kurz darauf traf ein Brief Mohands ein, in dem er mir weitere Nachstellungen androhte.

Zahlreiche Objekte waren gestohlen worden: Teppiche, Wandschirme und andere kostbare Einzelstücke. Doch das war nicht das Schlimmste. Die beiden hatten sich die Mühe gemacht, sämtliche Geschäftsunterlagen zu vernichten. Viele Papiere lagen in Fetzen zerrissen auf dem Boden. Die Buchhaltungsunterlagen waren wie die Fotografien, die Kleider für unsere Auftritte, die Pressedokumente und vieles mehr verschwunden.

Wir erstatteten Anzeige. Die Polizeiinspektoren fanden im Keller des Hauses in Lardy einen Teil der Buchhaltungsunterlagen; der Rest war auf Nimmerwiedersehen verschwunden. Meine Geschwister und meine Mutter wohnten weiterhin in der Villa und machten sich über die Polizei lustig. Ohne sich zu scheuen, erklärten sie:

»Wir werden diese Geschichte auf ›algerische Weise‹ regeln.«

Die Polizeibeamten wußten nicht, was dies bedeutete. Hervé und ich übrigens ebenfalls nicht. Wir hätten uns keine Sekunde diese Strafexpedition vorstellen können, der wir zum Opfer fallen sollten.

Trotz der mehr oder weniger direkt ausgesprochenen Drohungen beschloß ich, den Erpressungsversuchen nicht länger nachzugeben. Die Koalition, die die Familie gegen mich gebildet hatte, öffnete mir endlich die Augen. Mein ganzes Leben war ich von der Liebe zu meiner Familie abhängig gewesen. Die Verbissenheit, mit der sie mich jetzt verfolgte, hatte mich von dieser Abhängigkeit befreit. Jetzt mußte ich stark bleiben und an meine eigene zukünftige Familie denken: mit Hervé und einem Kind, falls Gott mir noch eines schenken wollte. Ich wollte mich nicht an ihnen rächen. Ich wollte vergessen und vor allem vergessen werden.

Nur, man vergaß mich nicht: Man belagerte unser Hausboot, mal ein Bruder, mal eine Schwester, nur um uns zu zeigen, daß sie immer da waren. Sie telephonierten – auch meine Mutter –, stießen Drohungen aus, verspotteten mich und legten dann abrupt wieder auf. Ein regelrechter Nervenkrieg. Ich wagte es nicht mehr, auszugehen, ihr Terror funktionierte.

Wir hatten die Polizei informiert, doch diese hatte uns gesagt, sie könne nichts unternehmen, solange keine »wirkliche« Aggression vorläge. Eine körperliche. Die moralische Folter, der wir unterlagen, gehörte nicht zum Bereich der Polizei.

In einer solchen Atmosphäre hatte ich Schwierigkeiten, zu komponieren und zu schreiben. Ich hatte in meinen Arbeiten die Gewalttätigkeit, den Fanatismus und den Despotismus der Männer in unserem Land denunziert, damit diese abscheulichen Praktiken endlich eingestellt würden. Jetzt litt ich selbst wieder darunter, vielleicht sogar noch schlimmer als während meiner Jugend. Hatten meine Worte, meine Schreie denn gar nichts genützt? Hatte ich überhaupt noch das Recht, anderen Hoffnung auf eine mögliche Besserung ihrer Lage zu machen? Wo sollte ich die Kraft und den Optimismus hernehmen, die bei aller Kritik meine Gedichte beseelten?

Einige Monate später konnte ich diese Fragen beantworten, als ich zu Beginn des Jahres 1987 erfuhr, daß ich wieder schwanger geworden war. Einen schöneren Jahresanfang konnte ich mir nicht vorstellen. Ich fühlte mich wieder in der Lage, zu schreiben, aufzutreten, im Fernsehen zu arbeiten und für die gerechten Anliegen der Menschen einzutreten. Die Freude war in unser Haus zurückgekehrt. Zum Teufel mit den anonymen Telephonanrufen und anderen Warnungen!

Am 3. April wurde ich zu meinem achtunddreißigsten Geburtstag mit Geschenken und Blumen überhäuft. Meine Freunde bezeugten mir auf diese Weise ihre Zuneigung und ihre Hoffnung auf eine gut verlaufende Geburt im September.

Am Nachmittag, als wir noch feierten, erfuhr ich, daß mein Vater gestorben war, den ich siebzehn Jahre zuvor an der Gare du Nord hatte stehenlassen. Daß er ausgerechnet einen Tag vor meinem Geburtstag gestorben war, beschäftigte mich sehr, und ich war traurig, daß ich ihn zu Lebzeiten nicht mehr gesehen hatte. Ganz waren die Traditionen in mir nicht erloschen. Ich hätte ihn gerne noch vor seinem Tod gesehen und ihn um Verzeihung gebeten, so wie ich ihm verzeihen wollte. Ein Brauch aus unserer Heimat, ein guter Brauch. Mein Vater hatte meine Kindheit und Jugend zur Hölle werden lassen, aber er war auch unglücklich über mich gewesen, auch wenn ich nicht persönlich daran schuld war, sondern seine völlig veralteten Wertvorstellungen.

Ich mußte ohne diesen letzten Gruß auskommen, doch ich wollte ihm die Verzeihung gewähren, vor seiner sterblichen Hülle. Dabei hätte ich ihn um ein Haar nicht einmal als Toten besuchen können.

Außenstehende hatten mir seinen Tod mitgeteilt. Ich hatte nicht gewußt, daß er wieder in Frankreich war und seit einiger Zeit in einem Krankenhaus gelegen hatte. Meine Mutter und meine Geschwister waren von seinem Ableben informiert worden, obwohl mein Vater seit seiner Wiederverheiratung keine Verbindung mehr zu ihnen hatte. Niemand hatte es für notwendig befunden, mich zu informieren.

Als sie erfuhren, daß ich Bescheid wußte, wollten sie mir den Zugang zur Leichenhalle verbieten und bedrohten mich. Sie konnten den Eingang zum gerichtsmedizinischen Institut aber nicht ständig überwachen. So gelangte ich unbemerkt ins Innere, während Hervé Wache schob, um mich sofort zu alarmieren, falls sich ein Mitglied meiner Familie zeigen sollte. Eine Freundin begleitete mich bei meinem schweren Gang.

Mein Vater lag hinter einer Scheibe, grau, die Gesichtszüge von den letzten Schmerzen verzerrt. Ich sagte zu meiner Freundin:

»Selbst jetzt habe ich noch Angst vor ihm. Ich habe Angst, daß er aufsteht und mich schlägt.«

Dann fing ich an zu heulen angesichts dieses alten Mannes, den ich nicht auf dem Weg zu seiner letzten Ruhestätte begleiten konnte, denn das wäre zu gefährlich gewesen. Ich sagte:»Adieu, Papa, adieu, Papa, adieu, Papa«, insgesamt zweiundsiebzigmal, für jedes Jahr seines Lebens einmal. Wie unglücklich mußte er in seinem Leben gewesen sein! Nur so konnte ich mir seinen Alkoholismus und seine Gewalttätigkeit erklären.

Doch ich wollte an das ganze Elend nicht mehr zurückdenken. Ich verzieh ihm und bat ihn, mir im Jenseits auch zu verzeihen, und sagte dann zum Abschied: »Friede deiner Seele, Papa.«

Und ich fuhr wieder zu unserem Schiff zurück und dem Leben entgegen, das ich in mir trug.

»Djura erwartet ein Kind!« Die Nachricht muß wie eine Bombe in der Familie eingeschlagen haben. Ich war mir gewiß, daß inzwischen alle informiert waren. Bis zum sechsten Monat trat ich noch auf, so daß jeder wußte, daß ich schwanger war.

Diese Schwangerschaft muß bei ihnen die letzten Hemmungen beseitigt haben. Jetzt drohte ich ihnen endgültig zu entwischen. Sie konnten nicht mehr hoffen, daß ich wieder in den Kreis der Familie zurückkehren würde. Ich liebte jemand anderen, endgültig.

Im April und Mai fuhren sie mit ihren Einschüchterungsversuchen am Telephon, in den Straßen und auf dem Kai fort. Giftschlangen. Schlangen, die ich genährt und geliebt hatte. Verschworene, die sich gegenseitig haßten, sich verfluchten, dauernd Streit miteinander hatten, die aber gemeinsam handelten, sobald es darum ging, ihre Geldquelle nicht zu verlieren: mich.

Hervé übernahm bei dieser monströsen Racheaktion die Rolle des Sündenbocks. Er hatte mich »vom rechten Weg« abgebracht, er hatte mich überredet, sie nicht mehr auszuhalten. Davon gingen sie aus, obwohl es völlig falsch war. »Ihm gehörte die Firma«, behaupteten sie später im Prozeß.

Wie auch immer. Wir weigerten uns beide, uns für die Familie zu ruinieren, und wagten es, für unser Kind zu planen. Das sollten wir »bezahlen«, wie meine Mutter sich ausgedrückt hatte. Wir blieben auf der Hut, erwarteten neue Einbrüche und Erpressungsversuche und waren selbst darauf gefaßt, daß sie unser Büro oder unser Wohnschiff verwüsten wollten. Doch mit dem, was am 29. Juni passierte, damit hatten wir wirklich nicht gerechnet.

Eine Abscheulichkeit. Eine vom Clan beschlossene und von meinem Bruder Djamel und meiner Nichte Sabine durchgeführte Strafexpedition.

Ich hatte Sabine, die Tochter Mohands, seitdem ich in meinem Zimmer-Gefängnis in Hussen Dey auf sie aufgepaßt hatte, nicht mehr gesehen. Erst als Djamel, mit dem Revolver in der Hand, sie im Treppenaufgang zum Deck mit ihrem Namen gerufen hatte, wußte ich, wer sie war. Sabine! Noch ein Säugling, den ich gewickelt hatte, wie Djamel, der sie in diesen Rachefeldzug verwickelt hatte.

Später erfuhr ich, daß die beiden sich häufig sahen, seit Sabine in Paris wohnte. Sie verkehrten in den gleichen Jugendbanden, rauchten Hasch und vergnügten sich mit mehr oder weniger riskanten »Affären«.

Im Krankenhaus sah ich immer wieder die gleichen Szenen vor mir, auch wenn ich mich anstrengte, an anderes zu denken: Djamel, der in die Kabine eindringt, den Revolver auf meinen Bauch richtet und dann auf Hervé einschlägt. Ich höre immer den Schuß, der an Deck fällt, und sehe meinen blutüberströmten, schwerverletzten Freund vor mir. Ich spüre wieder und immer wieder die Fußtritte meiner Nichte, die nach meinem Baby zielt.

Dann dachte ich an dieses kleine Wesen, dem sie nichts hatten anhaben können, aber das sich immer noch in Gefahr befand. Ich atmete tief durch, versuchte, mich zu beruhigen und meinen Mut zusammenzunehmen. Ich schaute zu Hervé hoch, der sich totenbleich über mich beugte. Er hatte Kopfverletzungen erlitten und war an der Schläfe und der Nase genäht worden und trug eine Gipsmanschette um den Hals.

Ich konnte einfach nicht verstehen, aus welchem Grund die beiden Aggressoren sofort wieder freigelassen worden waren. Denn man hatte sie kurz nach der Tat durch einen außerordentlichen Zufall verhaften können.

Aufgrund der drückenden Hitze waren die Kais an diesem Junimittag menschenleer. Beinahe. Ein einziger Zeuge war aufmerksam geworden, als Djamel auf Hervé geschossen hatte, und er hatte die Flucht der beiden beobachtet. Doch es handelte sich um einen erstklassigen Zeugen: einen Polizeiinspektor in Zivil, der an den Kais spazierenging.

Wie vom Himmel gesandt! Ich hatte vom Schiff aus die Polizei bereits alarmiert, doch die beiden hätten in aller Seelenruhe fliehen können. Ich hätte nie beweisen können, daß wir von Djamel und Sabine überfallen worden waren. Der Inspektor verfolgte die beiden Blutbesudelten. Djamel, der ihn mit dem Revolver bedrohte, entwischte ihm, aber er hatte ihn gesehen und sich das Gesicht eingeprägt. Sabine hatte er festhalten und ihr Handschellen anlegen können.

Djamel, der wohl davon ausging, daß Sabine ihn früher oder später verraten würde, stellte sich freiwillig auf dem Kommissariat. Ich bin mir sicher, daß die Familie ihm dazu geraten hatte, in der Hoffnung, dieser »Reuebeweis« würde ihm später vor Gericht zugute kommen. Die Nacht über blieben die beiden auf dem Kommissariat, wurden aber bereits am kommenden Morgen bis zum Prozeß freigelassen.

Sie hatten nichts Besseres zu tun, als uns sofort anzurufen:

»Wir sind frei! Die Justiz ist auf unserer Seite. Auf bald!«

Würden sie ihr Todesurteil gegen uns ungestraft vollstrecken können? Wir waren mit knapper Not einem Mord entkommen. Hervé war schwer am Kopf verletzt worden, und es war noch nicht sicher, ob mein Kind das alles überstehen würde. Würde das Gericht diesen »Zwischenfall« als eine einfache »Familienangelegenheit« abqualifizieren? Würden die beiden mich wenigstens bis zum Prozeß in Ruhe lassen, dessen Termin noch ungewiß war, da die Sommerferien vor der Tür standen?

Hervé flehte mich an, mich nicht mit Mutmaßungen zu belasten, sondern an unser Kleines zu denken. Aber ich brauchte lange, bis ich den Schock überwunden hatte. Leiser Donner, Autolärm, ein knatterndes Motorrad ließen mich zusammenfahren ...

Sobald ich das Krankenhaus verlassen konnte, versteckte mich Hervé an einem Ort, den niemand in Paris erfuhr, nicht einmal die engsten Freunde, und ließ mich bis zur Entbindung keine Sekunde allein. Er bestand darauf, daß wir noch vor der Geburt heirateten. Bis zu diesem Tag hatten wir immer wieder lachend gesagt, wir seien »Gefangene auf Ehrenwort«. Doch die Zeiten hatten sich geändert.

»Stell dir vor, Djamel hätte mich getötet. Unser Kind wäre unehelich auf die Welt gekommen, für deine Familie ein gefundenes Fressen. Ein solches Risiko dürfen wir nicht mehr eingehen.«

So gingen wir eines Morgens zum Rathaus und verschwanden dann wieder in unserem Versteck. Hervé versuchte, mich zu beruhigen, lächelte mir aufmunternd zu, nahm seine Gitarre und sang Chansons von Brassens: *»Zieh die Vorhänge vor deinem früheren Elend zu. Auch wenn es draußen regnet und stürmt: Das schlechte Wetter ist nicht mehr dein Los.«*

Der 4. September 1987, an dem mein Sohn auf die Welt kam, war ein ausgesprochen schöner Tag. Mehrere Monate lang begeisterte ich mich – wie jede junge Mama – an seiner außergewöhnlichen Schönheit und seiner bemerkenswerten Intelligenz, die sich bereits in der Wiege zeigte!

Doch irgendwann mußte ich wieder auftauchen. Wir konnten uns schließlich nicht auf ewig mit unserem Kind verkriechen. Es galt, Konzerte zu organisieren und wieder ein »normales« Leben zu führen, wenn man dieses Adjektiv in meinem Fall überhaupt gebrauchen darf.

Wir bezogen wieder unser Hausboot, auch wenn wir natürlich wußten, daß es »die anderen« immer noch gab. Der Terror hatte in uns inzwischen dem Selbsterhaltungstrieb Platz gemacht. »Wir verstehen Sie, aber wir können Sie nicht vierundzwanzig Stunden am Tag beschützen«, hatte die Polizei uns gesagt. Wir mußten uns selbst um unsere Sicherheit kümmern. Man hatte uns empfohlen, Leibwächter zu engagieren und einen Waffenschein zu beantragen. Hervé entschied sich für ein Netz von Sicherheitsmaßnahmen, die ich aus verständlichen Gründen hier nicht näher aufzählen will.

Djamel wurde zu achtzehn und Sabine zu sechs Monaten Gefängnis verurteilt. Sie legten Berufung ein. Die Strafe meines Bruders wurde auf zehn Monate Gefängnis herabgesetzt; die acht Monate wurden zur Bewährung ausgesetzt. Außerdem sollte er einhunderttausend Francs Strafe bezahlen ... in Monatsraten zu fünfhundert Francs. Sabine, die vor Gericht ausgiebig geweint und das junge Mädchen gespielt hatte, das von der bösen Familie zu ihrer Tat verführt worden war, mußte nicht ins Gefängnis, da ihre Strafe ganz zur Bewährung ausgesetzt wurde, und sie hatte nur zehntausend Francs zu bezahlen.

Das war sehr wenig für die unwahrscheinliche Brutalität, mit der sie uns überfallen hatten, aber die Gerichtsverhandlung insgesamt war für uns doch von Vorteil: Die Justiz hatte ein Auge auf meine Familie geworfen und würde beim nächsten Mal zu erheblich härteren Strafen greifen. Anscheinend hatten das auch meine Geschwister verstanden, denn weitere Angriffe unterblieben.

Trotzdem verfolgten sie uns weiter, und zwar vor Gericht! Sie erfanden die unwahrscheinlichsten Geschichten. Vor dem Prozeß gegen Djamel und Sabine hatte ich noch nie etwas mit der Justiz zu tun gehabt; jetzt wurde ich ausreichend bedient. Meine Mutter, meine Brüder und meine Schwestern forderten Geld von uns, denn sie behaupteten, die eigentlichen Urheber meiner Lieder zu sein. Sie versuchten sogar, mir öffentliche Auftritte zu untersagen. Alle waren plötzlich Texter und Komponisten, und Djamel behauptete, er habe seit Beginn von *Djurdjura* an den Chansons mitgearbeitet – damals war er gerade dreizehn Jahre alt!

Meine Schwestern griffen mich vor dem Arbeitsgericht an, immer noch von der falschen Voraussetzung ausgehend, ich sei ihre Arbeitgeberin gewesen. Und selbst meine Mutter schwor, sie habe meine Lieder komponiert! Dann wollte sie mich wegen Unterschriftsfälschung belangen. Natürlich hatte ich zahlreiche Dokumente für sie unterschrieben. Und das seit meinem zwölften Lebensjahr. Bei der Krankenversicherung, der Kindergeldkasse und vielem mehr. Aber doch nur, weil sie Analphabetin war und nicht schreiben konnte!

Einige dieser Prozesse sind noch im Gang. Die abgeschlossenen habe ich alle gewonnen. Außerdem ist es mir gelungen, wieder in den Besitz des Hauses in Lardy zu gelangen.

Was für eine Verschwendung von Zeit und Energie. Wieviel Schmerzen jede dieser Auseinandersetzungen kostet! Ich wünsche mir nichts sehnlicher, als daß dies aufhört. Ich weigere mich, meine Vergangenheit mit meiner Gegenwart zusammenfließen zu lassen. Jetzt, da ein kleiner Junge neben mir der Zukunft entgegenlächelt. Doch auf welche Weise diese Qualen beenden?

Da ich nicht in Ifigha neue Kraft schöpfen konnte, denn es wäre viel zu gefährlich gewesen, dorthin zu fahren, fuhr ich ins Schloß von Calan in der Bretagne, um nachzudenken. In diesem orientalischen Monument, das inzwischen Keer Moor hieß, Meervilla, dachte ich viel an Setsi Fatima, die mich ihre »Lichtrose« genannt hatte oder »Joujou, die Zärtliche«. Würde ich mich von der Last meiner

Erinnerungen überrollen lassen und meine Fähigkeit zu lieben verlieren?

Ich dachte auch an Tahar, den Marabut, den ich mit meiner Großmutter zusammen besucht und der mir eine glückliche Zukunft vorausgesagt hatte.

Ich flehte sie an, mir den Weg zu zeigen, der meine Seele von dem Übel befreien würde.

Denn es handelte sich um ein Übel. Der Schmerz nagte in mir wie ein Gift. Ich wollte nicht, daß er sich in Bitterkeit oder in Rachsucht verwandelte. Ich wollte, daß dieser Schmerz weichen, daß er sich ein für allemal ausdrücken und mich dann in Ruhe lassen sollte.

Setsi Fatima und der alte Weise haben mich sicher zu der mich befreienden Lösung inspiriert: meine Gefühle, meine Tränen und meine Kämpfe, aber auch die phantastische Welt der Legenden und Geschichten, aus der ich komme, meiner Feder anzuvertrauen.

Ich wollte auf gar keinen Fall mit meiner Familie abrechnen. Ich habe mein Leben niedergeschrieben, ohne an Rache zu denken. Während sich die Seiten füllten, habe ich diejenigen entmystifiziert, die mich gequält und unterjocht haben, von denen ich aber nicht wollte, daß sie zu meinen Phantomen werden. Ich wollte nicht mehr an die fast kriminelle Undankbarkeit denken, deren Opfer ich war, und habe meine Rachsucht und meine Leiden ausgelöscht. »Mach es gut und vergiß es«, lautet ein arabisches Sprichwort. Beim Schreiben vergaß ich.

Ich liebe meine Mutter weiterhin, auch wenn diese Liebe nie erwidert wurde. Sollte jemand ihr dieses Buch vorlesen, dann möchte ich, daß sie eines weiß: Auch für sie habe ich das ganze Leid aufgeschrieben.

Für dich, Mama, und für die vielen, die dir gleichen, die zur Heirat gezwungen wurden und den brutalen Zorn sowie das »natürliche Verlangen« ihrer Männer aushalten mußten. Für alle Noras, Zoras und Fatimas, die verleugnet oder getötet wurden, wenn sie die Flucht ergriffen. Für die jungen, in Frankreich aufgewachsenen Mädchen, die man im heiratsfähigen Alter zu Ferien nach Algerien einlädt und dann dort festhält, damit sie den Mann heiraten, den die Familie für sie ausgesucht hat, und die nicht mehr zurückkönnen, da man ihre Ausweise einbehalten hat.

Für die Immigranten, die mich am Ende meiner Konzerte besuchen und mir ihr Unglück und Leid anvertrauen. Häufig sehen sie sich zweierlei Druck ausgesetzt: einmal dem Rassismus und dem Fremdenhaß der Franzosen, die in allen Ausländern Verbrecher sehen, und zum andern dem Druck ihrer eigenen Tradition, die selbst die Dichter in verschiedene Lager spaltet. Schreibt der eine: »Entferne deinen Schleier, zerreiße und begrabe ihn«, ruft der andere: »Bei Gott, ich weise den Fortschritt zurück, der das keusche Gesicht der Frauen entschleiern will«, als ob die Keuschheit von einem Stück Stoff abhinge. Keuschheit und Treue gehorchen anderen, ebenfalls fordernden Herren: der Ethik und der Liebe. Wissen das unsere männlichen Freunde?

Ich hege die kühne Hoffnung, daß einige Männer meiner Rasse, meiner Religion und meines Landes dieses Buch lesen, ohne »Subversion« und »Ausschweifung« zu brüllen. Wir hassen sie nicht, wir wollen sie nicht verraten. Aber sie sollten wissen, daß sie, wenn sie umhätschelt und geliebt werden wollen, uns vor allem die Freiheit schenken müssen, über unser soziales, berufliches und emotionales Leben selbst zu entscheiden.

Ich hoffe, daß meine Heimat, nachdem sie die Unabhängigkeit errungen hat, auf dem Weg zur Demokratie voranschreitet. Dann könnte ich endlich wieder einmal hinfahren und dort mein wichtigstes Lied singen: *Tilleli*, Freiheit! Die Freiheit, seine Meinung zu sagen, die Freiheit, sich mit dem zu befreunden, sich in den verlieben zu dürfen, den man sich selbst aussucht, auch wenn es sich um einen Ausländer handeln sollte. Oder um einen Andersgläubigen. Jeder soll seiner Religion nachgehen dürfen, aber gleichzeitig sehr vorsichtig sein mit seinen Gewißheiten und Überzeugungen.

Diese Sehnsucht nach Harmonie, diese Hoffnung werde ich für die Generation meines Sohnes besingen. Dieses Buch ist nur ein winziger Baustein zu einem sehr zerbrechlichen Bauwerk, aber ich hoffe, daß es den Kindern, die das Alter meines Sohnes haben, helfen wird, nicht diese gefährliche Angst vor den anderen zu kultivieren, ob diese nun in Frankreich geboren sind oder woanders, von einer oder von mehreren Kulturen geprägt werden. Denn die Angst vor dem Unterschied ist die Quelle des Hasses; dabei sollte der Unterschied eine Quelle der Bereicherung sein. Diese Angst hindert viele Menschen noch daran, sich zu verstehen und folglich sich zu lieben oder zumindest ohne Aggressionen miteinander zu leben.

Wir haben unseren Sohn Riwan getauft. In der Sprache der Berber bedeutet das »Kind der Musik«; in der Sprache der Bretonen zu Zeiten von König Arthus und den Rittern der Tafelrunde »der König, der vorangeht«.

Riwan ist ein Berber-Bretone.

NACHWORT

Immer wieder begegne ich Menschen, die mich voller Anteilnahme fragen, wie es mir seit der Veröffentlichung von *Der Schleier des Schweigens* ergangen ist. Diese Neuausgabe in deutscher Sprache gibt mir Gelegenheit, ihnen zu antworten.

Dem enormen Medienecho auf meinen Erfahrungsbericht folgten die verschiedensten Reaktionen des Publikums. Die einen wollten mich am liebsten zum Schweigen verurteilt sehen; andere waren der Ansicht, diese sogenannten Familienangelegenheiten hätten wir »unter uns« ausmachen sollen. Wieder andere – von größerem Weitblick – hielten meine Enthüllungen für ein notwendiges Übel, ein Zeugnis, das Epoche machen würde ... Zu meiner großen Überraschung meldeten sich nach der Lektüre von *Der Schleier des Schweigens* auch zahlreiche Frauen zu Wort, Frauen von ganz unterschiedlicher Herkunft und Bildung, die mir in ihren Briefen berichteten, was auch sie durchgemacht hatten ... So entstanden Verbindungen zwischen mir und meinen Leserinnen, und ich bekam gänzlich unerwartete Lebensbeichten auf den Tisch.

Nach zahlreichen Fernsehdebatten, dem Wirbel in Presse und Radio und nach dem riesigen Erfolg meines Buches mußte ich mit vielen merkwürdigen Anschuldigungen fertig werden. Ich mußte mich vor weiteren drastischen Racheakten schützen, und zugleich blieb mir äußerst aggressive Kritik nicht erspart.

Nach einigem Nachdenken ertappte ich mich dabei, daß ich wiederum weiße Seiten voll schrieb: Ich begann ein neues Buch, das ich *Und morgen dann die Hoffnung* nannte – eine soziologische Abhandlung über die Stellung der Frau in den maghrebinischen Gesellschaften, eindringliche Zeugnisse jener zahlreichen gedemütigten, geschlagenen, unterdrückten Frauen, die man zur Heirat gezwungen hatte. Bei meiner Schilderung unterschied ich so gut wie möglich zwischen den Regeln, die mir wirklich in Tradition und Religion begründet zu sein scheinen, und den Abweichungen, die auf den mißbräuchlichen Interpretationen der Extremisten beruhen.

Nach den beiden Büchern bekam ich – verständlicherweise – wieder Lust zu komponieren, an neuen Chansons zu arbeiten. So sollte ein Stück entstehen, für das mir die Muse den Titel »Uni-Vers-Elles« förmlich aufdrängte – ein neues Lied der Freundschaft, gewidmet all jenen ohnmächtigen und doch kämpfenden Frauen auf der Suche nach ihrer Würde.

Anlässlich der Veröffentlichung meines fünften Albums gab ich in Paris ein Konzert mit den neuen Chansons. Es fand an einem Ort voller Magie und Wärme statt, im Cabaret Sauvage, mitten im Herzen der Stadt der Musik. Dabei bestätigte sich, daß das Publikum den Gesang von *Djurdjura* offenbar wirklich nicht vergessen hatte! Von einer Region, einer Stadt zur anderen erlebte ich von neuem, aber intensiver denn je, den Zauber und die bewegenden Gefühle meiner ersten öffentlichen Auftritte.

Heute wagen es auch andere, von ihren Erfahrungen zu berichten, und sie erinnern sich an den heilsamen Schock von *Der Schleier des Schweigens* beziehungsweise *Und morgen dann die Hoffnung*. Einstein war nicht nur ein Genie, er bewies zudem sowohl Humor als auch Sinn für Philosophie, als er sagte, es sei leichter, ein Atom zu spalten, als Menschen zu ändern.

Eines weiß ich heute besser als früher: Der Weg, den der Mensch beschreiten muß, um sich selbst zu verwirklichen und in einen konstruktiven Dialog mit seinen Mitmenschen zu treten, ist ein schwieriger Weg und oft gefährlich und mit unerwarteten Fallen gespickt. Dennoch muß man ihn entschlossen und vertrauensvoll beschreiten. Er ermöglicht einem auch wunderbare Begegnungen!

»Verloren ist nur das, was wir aufgeben« – ich glaube, daß ich noch mehr schöne Chansons schreiben werde, und vielleicht auch weitere Bücher.

Ich gehe, wohin mein Herz und mein Gewissen mich führen ...

Djura, 5. Oktober 2003

DANKSAGUNG

Meinen Freunden auf beiden Seiten des Mittelmeeres, allen, die mir durch ihre Freundschaft geholfen haben, möchte ich herzlich danken.

So meiner Rechtsanwältin Isabelle Thery, die mir während meiner letzten Prüfungen beistand und ohne die dieses Buch nicht hätte erscheinen können.

Und besonders Huguette Maure, die meinen Text mit viel Feingefühl überarbeitet hat.